PIECES

RELATIVES

À BÉLISAIRE.

ANECDOTE

BÉLISAIRE. (*)

JE vous connais, vous êtes un scélérat.
Vous voudriez que tous les hommes ai-
massent un Dieu Pere de tous les hommes. Vous vous êtes imaginé, sur la parole
de St. Ambroise, qu'un jeune Valentinien
qui n'avait pas été baptisé, n'en avait pas
moins été sauvé. Vous avez eu l'insolence
de croire, avec St. Jérôme, que plusieurs
Païens ont vécu saintement. Il est vrai que
tout damné que vous êtes, vous n'avez pas
osé aller si loin que St. Jean Chrysostôme,
qui, dans une de ses Homélies, (a) dit que
les préceptes de Jesus-Christ sont si légers,
que plusieurs ont été au-delà par la seule

(*) Par l'Abbé Mauduit, qui prie qu'on ne le
nomme pas.
(a) III. Homélie sur la I. Epître de St. Paul
aux Corinthiens.

A ij

raison. *Præcepta ejus adeò levia funt, ut multi philofophicâ tantum ratione exceſſerint.*

Vous avez même attiré à vous St. Auguſtin, ſans ſonger combien de fois il s'eſt rétracté. On voit bien que vous êtes de ſon avis, quand il dit : (*a*) *Depuis le commencement du genre-humain, tous ceux qui ont cru en un feul Dieu, & qui ont entendu fa voix felon leur pouvoir, qui ont vécu avec piété & juftice felon fes préceptes, en quelque endroit & en quelque temps qu'ils aient vécu, ils ont été fans doute fauvés par lui.*

Mais ce qu'il y a de pis, Déifte & Athée que vous êtes, c'eſt qu'il ſemble que vous ayez copié mot pour mot St. Paul dans ſon Epître aux Romains : (*b*) *Honneur & gloire à quiconque fait le bien, premiérement aux Juifs, & puis aux Gentils; car lorfque les Gentils, qui n'ont point la Loi, font naturellement ce que la Loi commande, n'ayant point notre Loi, ils font leur Loi à eux-mêmes.* Et après ces paroles, il reproche aux Juifs de Rome, l'uſure, l'adultere & le ſacrilege.

Enfin, déteſtable enfant de Bélial, vous avez oſé prononcer de vous-même ces paroles impies ſous le nom de Béliſaire : *Ce*

***

(*a*) Dans ſa 49 Epitre *à Deo gratias.*
(*b*) Chap. 2.

qui m'attache le plus à ma Religion, c'est qu'elle me rend meilleur & plus humain. S'il fallait qu'elle me rendît farouche, dur, impitoyable, je l'abandonnerais, & je dirais à Dieu, dans la fatale alternative d'être incrédule ou méchant : je fais le choix qui t'offense le moins. J'ai vu d'indignes femmes de bien, des Militaires trop instruits, de vils Magistrats qui ne connaissent que l'équité, des Gens de Lettres, malheureusement plus remplis de goût & de sentiment que de théologie, admirer avec attendrissement ces sottes paroles, & tout ce qui les suit.

Malheureux ! vous apprendrez ce que c'est que de choquer l'opinion des Licenciés de ma licence. Vous & tous vos damnés de Philosophes, vous voudriez bien que Confucius & Socrate ne fussent pas éternellement en enfer ; vous seriez fâchés que le Primat d'Angleterre ne fût pas sauvé aussi-bien que le Primat des Gaules. Cette impiété mérite une punition exemplaire. Apprenez votre Catéchisme. Sachez que nous damnons tout le monde quand nous sommes sur les bancs ; c'est là notre plaisir. Nous comptons environ deux milliards d'habitants sur la terre. A trois générations par siecle, cela fait environ six milliards ; & en ne comptant seulement que depuis quatre mille années, le calcul nous donne 240 milliards de damnés, fans compter tous ce qui l'a été auparavant, & tout ce qui doit l'être après. Il eft vrai que fur ces 240 milliards, il faut ôter deux ou trois mille Elus qui font le beau petit nombre, mais c'eft une bagatelle; & il eft bien doux de pouvoir fe dire en fortant de table: mes amis, réjouiffons-nous: nous avons au moins 240 milliards de nos freres dont les ames, toutes fpirituelles, font pour jamais à la broche, en attendant qu'on retrouve leurs corps pour les faire rôtir avec elles.

Apprenez, Monfieur le Réprouvé, que votre grand Henri IV, que vous aimez tant, eft damné pour avoir fait tout le bien dont il fut capable; & que Ravaillac, purgé par le Sacrement de Pénitence, jouit de la gloire éternelle; voilà la vraie Religion. Où eft le temps où je vous aurais fait cuire avec Jean Hus & Jerôme de Prague, avec Arnaud de Breffe, avec le Confeiller du Bourg, & avec tous les infames qui n'é-taient pas de notre avis dans ces fiecles du bon fens, où nous étions les maîtres de l'opinion des hommes, de leur bourfe, & quelquefois de leur vie?

Qui proférait ces douces paroles? C'é-tait un Moine fortant de fa licence. A qui les adreffait-il? C'était à un Académicien de la premiere Académie de France. Cette scene se passait chez un Magistrat, homme de Lettres, que le Licencié était venu solliciter pour un procès, dans lequel il était accusé de simonie. Et dans quel temps se tenait cette conférence à laquelle j'assistai ? C'était après boire ; car nous avions dîné avec le Magistrat ; & le Moine avec les Valets ; & le Moine était fort échauffé.

Mon Révérend Pere, lui dit l'Académicien, pardonnez-moi : je suis un homme du monde, qui n'ai jamais lu les Ouvrages de vos Docteurs. J'ai fait parler un vieux Soldat Romain comme aurait parlé notre Duguesclin, notre Chevalier Bayard, ou notre Turenne. Vous savez qu'à nous autres gens du siecle, il nous échappe bien des sottises ; mais vous les corrigez ; & un mot d'un seul de vos Bacheliers répare toutes nos fautes. Mais comme Bélisaire n'a pas dit un seul mot du bénéfice que vous demandez, & qu'il n'a point sollicité contre vous, j'espere que vous vous appaiserez, & que vous voudrez bien pardonner à un pauvre ignorant qui a fait le mal sans malice.

A d'autres, dit le Moine : vous êtes une troupe de coquins qui ne cessez de prêcher la bienfaisance, la douceur, l'in-

dulgence, & qui pouffez la méchanceté jufqu'à vouloir que Dieu foit bon. En vérité, nous ne vous pafferons pas vos petites
confpirations. Vous avez à faire au Révérend Pere Hayer, à l'Abbé Dinoy, & à
moi, & nous verrons comment vous vous
en tirerez. Nous favons bien que dans le
fiecle où la raifon, que nous avions par-
tout profcrite, commençait à renaître dans
nos climats feptentrionaux, ce fut Erafme
qui était tenté de dire, *Sancte Socrates,
ora pro nobis;* Erafme, à qui on éleva une
ftatue. Le Vayer, le Précepteur de Monfieur, & même de Louis XIV, recueillit
tous ces blafphêmes dans fon Livre de la
Vertu des Païens. Il eut l'infolence d'imprimer que des marauts, tels que Confucius, Socrate, Caton, Epictete, Titus,
Trajan, les Antonins, Julien, avaient fait
quelques actions vertueufes. Nous ne pû-
mes le brûler ni lui ni fon Livre, parce
qu'il était Confeiller d'Etat ; mais vous,
qui n'êtes qu'Académicien, je vous réponds que vous ne ferez pas épargné.

Le Magiftrat prit alors la parole, & demanda grace pour le coupable. Point de
grace, dit le Moine, l'Ecriture le défend.
*Orabat fceleftus ille veniam quam non erat
confecuturus.* Le fcélérat demandait un par-
don qu'il ne devait pas obtenir. *Oportet*

aliquem mori pro Populo. Toute l'Académie pense comme lui , il faut qu'il soit puni avec l'Académie.

Ah ! Frere Triboulet, dit le Magistrat , (car Triboulet est le nom du Docteur) ce que vous avancez là est bien Chrétien , mais n'est pas tout-à-fait juste. Voudriez-vous que la Sorbonne entiere répondît pour vous, comme le Pere Bauni se rendait plege pour la bonne mere, & comme toute la Société de Jesus était plege pour le Pere Bauni ? Il ne faut jamais accuser un Corps, des erreurs des Particuliers. Voudriez-vous abolir aujourd'hui la Sorbonne , parce qu'un grand nombre de ses Membres ad-hérerent au plaidoyer du Docteur Jean Petit , Cordelier , en faveur de l'assassinat du Duc d'Orléans ; parce que trente-six Docteurs de Sorbonne, avec Frere Martin, Inquisiteur pour la Foi, condamnerent la Pucelle d'Orléans à être brûlée vive , pour avoir secouru son Roi & sa Patrie ; parce que soixante & onze Docteurs de Sorbonne déclarerent Henri III déchu du Trône ; parce que quatre-vingt Docteurs excommunierent , au premier Novembre 1592 , les Bourgeois de Paris qui avaient osé présenter requête pour l'admission de Henri IV dans sa Capitale , & qu'ils défendirent qu'on priât Dieu pour ce *mau-*

vais Prince ? Voudriez-vous, Frere Triboulet, être puni aujourd'hui du crime de vos peres ? L'ame de quelqu'un de ces sages Maîtres a-t-elle passé dans la vôtre *per modum traducis ?* Un peu d'équité, Frere. Si vous êtes coupable de simonie, comme votre partie adverse vous en accuse, la Cour vous fera mettre au Pilori; mais vous y serez seul, & les Moines de votre Couvent (puisqu'il y a encore des Moines) ne seront pas condamnés avec vous. Chacun répond de ses faits, & comme l'a dit un certain Philosophe, il ne faut pas purger les petits-fils pour la maladie de leur grand-pere. Chacun pour soi, & Dieu pour tous. Il n'y a que le loup qui dise à l'agneau : Si ce n'est toi, c'est donc ton frere.

Allez, respectez l'Académie, composée des premiers hommes de l'Etat & de la Littérature. Laissez Bélisaire parler en brave Soldat & en bon Citoyen ; n'insultez point un excellent Ecrivain ; continuez à faire de mauvais Livres, & laissez-nous lire les bons. Frere Triboulet sortit la queue entre les jambes, & son adversaire resta la tête haute.

Quand le Magistrat & le Philosophe, ou plutôt quand les deux Philosophes purent parler en liberté : N'admirez-vous pas ce Moine ? dit le Magiſtrat : il y a quelques jours qu'il était entiérement de votre avis. Savez-vous pourquoi il a ſi cruellement changé ? c'eſt qu'il eſt bleſſé de votre réputation. Hélas ! dit l'Homme de Lettres, tout le monde penſe comme moi dans le fond de ſon cœur, & je n'ai fait que développer l'opinion générale. Il y a des Pays où perſonne n'oſe établir publiquement ce que tout le monde penſe en ſecret. Il y en a d'autres où le ſecret n'eſt plus gardé. L'auguſte Impératrice de Ruſſie vient d'établir la tolérance dans deux mille lieues de Pays. Elle a écrit de ſa propre main : *Malheur aux perſécuteurs.* Elle a fait grace à l'Evêque de Rouſtou, condamné par le Synode pour avoir ſoutenu l'opinion des deux Puiſſances, & pour n'avoir pas ſu que l'autorité eccléſiaſtique n'eſt qu'une autorité de perſuaſion ; que c'eſt la puiſſance de la vérité, & non la puiſſance de la force. Elle permet qu'on liſe les Lettres qu'elle a écrites ſur ce ſujet important. Comme les choſes changent ſelon le temps ! dit le Magiſtrat : Conformons-nous au temps, dit l'Homme de Lettres.

SECONDE ANECDOTE

SUR

BÉLISAIRE.

FRere Triboulet, de l'Ordre de Frere Montepulciano, de Frere Jacques Clément, de Frere Ridicous, (*a*) &c. &c. &c. & de plus Docteur de Sorbonne, chargé de rédiger la cenfure de la fille ainée du Roi, appellée le Concile perpétuel des Gaules, contre Bélifaire, s'en retournait à fon Couvent tout penfif. Il rencontra dans la rue des Maçons la petite Fanchon, dont il eft le Directeur, fille du Cabaretier qui a l'honneur de fournir du vin pour le *Prima menfis* de Meffieurs les Maîtres.

Le pere de Fanchon eft un peu Théologien, comme le font tous les Cabaretiers du Quartier de la Sorbonne. Fanchon eft jolie, & Frere Triboulet entra pour…. boire un coup.

(*a*) Confultez les Mémoires de l'Etoile, & vous verrez ce qui arriva en place de Greve à ce pauvre Frere Ridicous.

Quand Triboulet eut bien bu, il se mit à feuilleter les Livres d'un Habitué de Paroisse, frere du Cabaretier, homme curieux, qui possède une Bibliotheque assez bien fournie.

Il consulta tous les passages par lesquels on prouve évidemment que tous ceux qui n'avaient pas demeuré dans le quartier de la Sorbonne, comme par exemple, les Chinois, les Indiens, les Scythes, les Grecs, les Romains, les Germains, les Africains, les Américains, les blancs, les noirs, les jaunes, les rouges, les têtes à laine, les têtes à cheveux, les mentons barbus, les mentons imberbes, étaient tous damnés sans miséricorde, comme cela est juste, & qu'il n'y a qu'une ame atroce & abominable qui puisse jamais penser que Dieu ait pu avoir pitié d'un seul de ces bonnes gens.

Il compilait, compilait, compilait, quoique ce ne soit plus la mode de compiler, & Fanchon lui donnait de temps en temps de petits soufflets sur ses grosses joues; & Frere Triboulet écrivait; & Fanchon chantait; lorsqu'ils entendirent dans la rue la voix du Docteur Tamponet, & de Frere Bonhomme, Cordelier à la grande manche, qui argumentaient vivement l'un contre l'autre, & qui ameutaient les passants. Fanchon mit la tête à la fenêtre; elle est fort connue de ces deux Docteurs, & ils entrerent auſſi pour.... boire.

Pourquoi faiſiez-vous tant de bruit dans la rue? dit Fanchon. C'eſt que nous ne ſommes pas d'accord, dit Frere Bonhomme. Eſt-ce que vous avez jamais été d'accord en Sorbonne ? dit Fanchon. Non, dit Tamponet ; mais nous donnons toujours des Décrets, & nous fixons à la pluralité des voix ce que l'Univers doit penſer. Et ſi l'Univers s'en moque, on n'en ſait rien? dit Fanchon. Tant pis pour l'Univers, dit Tamponet. Mais de quoi diable vous mêlez-vous? dit Fanchon. Comment, ma petite ! dit Frere Triboulet, il s'agit de ſavoir ſi le Cabaretier qui logeait dans ta maiſon il y a deux mille ans, a pu être ſauvé ou non. Cela ne me fait rien, dit Fanchon. Ni à moi non plus, dit Tamponet ; mais certainement nous donnerons un Décret.

Frere Triboulet lut alors tous les paſſages qui appuyaient l'opinion, que Dieu n'a jamais pu faire grace qu'à ceux qui ont pris leurs degrés en Sorbonne, ou à ceux qui penſaient comme s'ils avaient pris leurs degrés ; & Fanchon riait , & Frere Triboulet la laiſſait rire. Tamponet était entiérement de l'avis du Jacobin ; mais le Cordelier Bonhomme était un peu plus indul-

gent. Il penſait que Dieu pouvait à toute
force faire grace à un homme de bien qui
aurait le malheur d'ignorer notre Théologie, ſoit en lui dépêchant un Ange, ſoit
en lui envoyant un Cordelier pour l'inſ-
truire.

Cela eſt impoſſible, s'écria Triboulet;
car tous les grands hommes de l'antiquité
étaient des paillards. Dieu aurait pu, je
l'avoue, leur envoyer des Cordeliers; mais
certainement il ne leur aurait jamais dé-
puté des Anges.

Et pour vous prouver, Frere Bonhomme, par vos propres Doĉteurs, que tous
les Héros de l'antiquité ſont damnés ſans
exception, liſez ce qu'un de vos plus grands
Doĉteurs Séraphiques déclare expreſſément dans un Livre que Mademoiſelle
Fanchon m'a prêté : voici les paroles de
l'Auteur.

Le Cordelier plein d'une ſainte horreur,
Baiſe à genoux l'ergot de ſon Seigneur;
Puis d'un air morne il jette au loin la vue
Sur cette vaſte & brûlante étendue,
Séjour de feu, qu'habitent pour jamais
L'affreuſe mort, les tourments, les forfaits;
Trône éternel où ſied l'eſprit immonde,
Abyme immenſe où s'engloutit le monde;
Sépulcre où gît la doĉte antiquité,

Esprit, amour, savoir, grace, beauté,
Et cette foule immortelle, innombrable,
D'enfants du Ciel, créés tous pour le Diable.
Tu sais, Lecteur, qu'en ces feux dévorants
Les meilleurs Rois sont avec les tyrans.
Nous y plaçons Antonin, Marc Aurele;
Ce bon Trajan, des Princes le modele;
Ce doux Titus, l'amour de l'Univers;
Les deux Catons, ces fléaux des pervers;
Ce Scipion, maître de son courage,
Lui qui vainquit & l'amour & Carthage;
Vous y grillez, sage & docte Platon,
Divin Homere, éloquent Cicéron,
Et vous, Socrate, enfant de la sagesse,
Martyr de Dieu dans la profane Grece;
Juste Aristide, & vertueux Solon,
Tous malheureux morts sans confession.

Tamponet écoutait ce passage avec des larmes de joie : Cher Frere Triboulet, dans quel Pere de l'Eglise as-tu trouvé cette brave décision ? Cela est de l'Abbé Tritheme, répondit Triboulet; & pour vous le prouver *à posteriori*, d'une maniere invincible, voici la déclaration expresse du modeste Traducteur, au Chapitre seize de sa Moëlle théologique.

Cette priere est de l'Abbé Tritheme,
Non pas de moi, car mon œil effronté

Ne peut percer jufqu'à la Cour fuprême:
Je n'aurais pas tant de témérité.

Frere Bonhomme prit le Livre pour fe
convaincre par fes propres yeux, & ayant
lu quelques pages avec beaucoup d'édification ; Ah ! ah ! dit-il au Jacobin, vous ne
vous vantiez pas de tout. C'eft un Cordelier en Enfer qui parle, mais vous avez
oublié qu'il y rencontre St. Dominique,
& que ce Saint eft damné pour avoir été
perfécuteur, ce qui eft bien pis que d'a-
voir été Païen.

Frere Triboulet, piqué, lui reprocha
beaucoup de bonnes aventures de Cordeliers. Bonhomme ne demeura pas en ref-
te ; il reprocha aux Jacobins de croire à
l'Immaculation en Sorbonne , & d'avoir
obtenu des Papes une permiffion de n'y
pas croire dans leur Couvent. La querelle
s'échauffa, ils allaient fe gourmer. Fanchon les appaifa, en leur donnant à chacun
un baifer. Tamponet leur remontra qu'ils
ne devaient dire des injures qu'aux profa-
nes, & leur cita ces deux Vers, qu'il dit
avoir lus autrefois dans les Ouvrages d'un
Licencié, nommé Moliere :

N'apprêtons point à rire aux hommes
En nous difant nos vérités.

Enfin, ils minuterent tous trois le Décret, qui fut enfuite figné par tous les fages Maîtres.

„ Nous, affemblés extraordinairement
„ dans la Ville des Facéties, & dans les
„ mêmes Ecoles où nous recommandâmes,
„ au nombre de foixante & onze, à tous
„ les Sujets, de garder leur ferment de
„ fidélité à leur Roi Henri III, & en l'an-
„ née 1592, recommandâmes pareillement
„ de prier Dieu pour Henri IV, &c. &c.
„ Animés du même efprit qui nous
„ guide toujours, nous donnons à tous
„ les diables un nommé Bélifaire, Géné-
„ ral d'Armée, en fon vivant, d'un nommé
„ Juftinien ; lequel Bélifaire outrepaffant
„ fes pouvoirs, aurait méchamment & pro-
„ ditoirement confeillé audit Juftinien d'ê-
„ tre bon & indulgent, & aurait infinué
„ avec malice que Dieu était miféricor-
„ dieux. Condamnons cette propofition
„ comme blafphématoire, impie, héré-
„ tique, fentant l'héréfie. Défendons, fous
„ peine de damnation éternelle, felon le
„ droit que nous en avons, de lire ledit
„ Livre fentant l'héréfie, & enjoignons à
„ tous les Fideles de nous rapporter les
„ exemplaires dudit Livre, lefquels ne va-
„ laient précédemment qu'un écu, & que

„ nous revendrons un louis d'or avec le
„ Décret ci-joint.

A peine ce Décret fut-il signé, qu'on
apprit que tous les Jésuites avaient été chaf-
fés d'Espagne. Et ce fut une si grande joie
dans Paris, qu'on ne pensa plus à la Sorbonne.

F I N.

EXTRAIT

D'une Lettre écrite de Geneve

A M***.

Sur la Liste imprimée des Propositions que la Sorbonne a extraites de Bélisaire pour les condamner.

CErtes, on a rendu un grand service à l'Auteur de Bélisaire, en faisant imprimer cette Liste. Où la Sorbonne va-t-elle se cacher ? Je me suis amusé l'autre jour à faire lire ces Propositions à un homme de bon sens qui a oublié son Latin ; je lui ai dit que c'étoit un Extrait que M. Marmontel avoit fait lui-même des Propositions de son Livre, qui justifient sa croyance. Il a trouvé qu'on avoit eu tort de mettre le titre en Latin ; mais à cela près, il est convenu que l'Auteur ne pouvoit donner de ses sentiments une apologie plus complette, & qu'il falloit que la Faculté de Théologie n'eût pas lu ces passages-là, pour accuser M. Marmontel de manquer de Religion. Vous jugez quel a été son

étonnement, quand je lui ai dit que c'é-
toit le Catalogue des Propositions condamnées, Catalogue donné au Public par la
Sorbonne elle-même. Il n'a jamais voulu
le croire. C'est un grand bien que cet Extrait se répande. La bonne chose que ce
feroit de faire imprimer à côté les Contradictoires !

On dit que la Sorbonne, un peu con-
fuse du tort que cette Liste lui fait dans le
Public, se retranche aujourd'hui à ne condamner qu'un petit nombre de ces Propositions, & qu'elle réduira les XXXVII à V
ou VI. Mais elle oubliera donc ces propres
paroles qu'elle a fait imprimer à la fin de la
Liste : *Outre les Propositions qu'on vient de
lire, on en a remarqué plusieurs autres dignes de répréhension ; mais que cependant on
n'a pas jugé à propos de rapporter dans
cette Liste, croyant qu'il suffiroit d'en faire
mention dans la Conclusion de la censure.* Ces
paroles prouvent évidemment que la premiere intention de la Sorbonne a été de
condamner *nommément* les XXXVII Propositions imprimées, & d'en condamner, outre
cela, *in globo*, plusieurs autres qu'elle n'a
pas rapportées. Il me semble qu'elle doit
être en peine du parti qu'elle prendra ; si
elle condamne les XXXVII Propositions
suivant son premier projet, elle révoltera

tous les gens fenfés, & fe rendra odieufe & ridicule : fi elle n'en condamne plus que quelques-unes, elle recule, & montre le défaut de la cuiraffe. Et puis il faudra voir encore, quelles feront les Propofitions qu'elle réfervera pour l'Anathême. Je fens quel doit être fon embarras, & j'avoue que j'en ai pitié.

P. S. On affure que M. Marmontel vient d'écrire au Syndic de la Faculté le Billet fuivant :

„ Monfieur, le refpect dont je fuis pé-
„ nétré pour les Décifions de la Sorbon-
„ ne, me détermine à foutenir déformais
„ les Contradictoires des XXXVII Pro-
„ pofitions condamnées.

LES XXXVII VÉRITÉS

OPPOSÉES

AUX XXXVII IMPIÉTÉS

DE BÉLISAIRE.

PAR UN BACHELIER UBIQUISTE.

Beatus vir qui non abiit in confilio impiorum....
& in cathedrâ deriforum non fedit.

Heureux l'homme qui n'eft point entré dans le
confeil des impies.... & qui ne s'eft point
affis dans la chaire des moqueurs. *Pf. 1. v. 1.*

A PARIS,

Chez C. F. SIMON, Imprimeur de l'Arche-
vêché & de la Sacrée Faculté.

M. DCC. LXVII.

AVIS
AU LECTEUR.

EN produifant ce petit Ouvrage au grand jour, je me propofe deux chofes. La premiere, de témoigner ma reconnoiffance aux illuftres Docteurs qui, dévoilant par leurs favantes recherches, le venin caché, &, par là, plus dangereux du Livre de Bélifaire, m'ont arrêté fur le bord du précipice, où j'étois prêt à me jetter tête baiffée. La feconde eft, de répandre, autant qu'il eft en moi, les faintes lumieres que j'ai recueillies, en méditant profondément leur projet de cenfure, & de contribuer pro modulo meo à l'édification publique.

J'avoue à ma honte, que ce mauvais Livre m'avoit féduit, au point de m'être applaudi plus d'une fois en le lifant, de ce que je retrouvois en moi les fentiments que Bélifaire exprimoit ; de ce que fes difcours ne me paroiffoient qu'un développement de cés leçons primitives de morale & de vertu, gravées dans mon propre cœur en caracteres ineffaçables : je croyois en-

B ij

tendre la voix de la nature ; & je ne m'ap-
percevois pas que, plus je l'écoutois, plus
mon oreille s'endurcissoit à la voix de la
grace.

Je me dois cependant ce témoignage :
le précieux flambeau de la Foi, quoiqu'obs-
curci, n'étoit pas tout-à-fait éteint dans
mon ame : j'avois vu avec beaucoup de
peine, l'Auteur de Bélisaire placer si té-
mérairement dans le Ciel plusieurs Païens
célebres par leurs vertus & par leur bienfaisance : ses propositions à ce sujet m'a-
voient paru hazardées, inexactes, absolument contraires aux vrais principes, &
horriblement dures pour toute oreille théologique. J'en étois sincérement affligé : je
blâmois l'Auteur ; mais en même-temps,
cet esprit d'indulgence que j'avois puisé
dans la lecture de son Ouvrage, m'avoit
porté à l'excuser.

Je considérois que plusieurs Théologiens, Cordeliers, Jésuites, & même Jacobins, ont soutenu que ceux des Païens,
qui, étant dans l'ignorance invincible de
la Religion révélée, ont cherché de bonne
foi la verité, & pratiqué les devoirs de la
Loi naturelle, ont pu trouver grace devant la Bonté divine ; qu'au défaut d'une

Foi explicite & formelle *dans les mérites de N. S. J. C., ils ont pu avoir une Foi* implicite & virtuelle, *exactement semblable à celle d'un Enfant baptisé au moment de sa naissance, & qui meurt une minute après. Personne ne doute que cet Enfant n'ait le degré de Foi nécessaire pour être sauvé : en conclure, comme a fait l'Auteur de Bélisaire, que Dieu verra d'un œil aussi favorable un Homme qui, parmi les orages des passions, au milieu des tentations d'une longue vie, aura conservé, par l'usage courageux de sa liberté, cette innocence que l'Enfant est dans l'heureuse impuissance de perdre ; c'est raisonner pitoyablement, je le sais bien ; c'est ne pas connoître l'efficacité des eaux saintes du Baptême.*

L'Auteur a encore, je le sais, un autre tort bien plus grand ; c'est d'avoir nommé par leurs noms les Païens qu'il a mis au nombre des Elus : les Théologiens les plus relâchés ne se sont point donné cette liberté qui a de grands inconvénients ; car il faudroit connoître un homme bien à fond, pour répondre de son salut ; & s'il est vrai qu'il n'y a guères de Héros pour leurs Valets-de-Chambre, on peut croire qu'il y a encore moins de Saints.

D'ailleurs, si le droit de canoniser les Catholiques est réservé au Pape seul, quelle témérité n'est-ce pas à un homme du monde de canoniser des Païens de son autorité privée ? Cette hardiesse ne seroit pas tolérable, quand il ne s'agiroit que de Païens morts avant la prédication de l'Evangile ; mais sauver des Païens morts depuis la venue de J. C., des Titus, des Antonins, cela révolte ; c'est comme si on sauvoit aujourd'hui l'Empereur de la Chine, ou le grand Turc.

Tout cela est incontestable, ou il faut brûler nos Livres ; mais, comme je l'ai déja dit, en condamnant la doctrine, j'excusois l'intention de l'Auteur : après tout, me disois-je, entre les opinions des Théologiens favorables à l'ignorance invincible, & les erreurs de Bélisaire, la différence n'est guères que du plus au moins. Pour distinguer sûrement dans ces matieres, ce qui est permis de ce qui ne l'est pas ; pour fixer, entre ces nuances & ces dégradations imperceptibles d'opinions, la ligne indivisible qui sépare la Foi de l'Hérésie ; il faut une certaine finesse de Dialectique que l'habitude donne, & que tout le monde n'a pas : nous autres, qui nous sommes exercés long-temps sur les bancs à cette précision délicate, nous nous tirons à merveille de toutes ces difficultés; mais on rencontre journellement dans la societé des gens d'ailleurs très-instruits, remplis d'esprit & de bon sens, qui ne comprennent rien à nos explications; faut-il donc juger l'erreur d'un pauvre Laïque avec autant de sévérité qu'on jugeroit celle d'un Docteur? non sans doute, me disois-je; & telles étoient mes dispositions, lorsque j'appris le scandale qu'excitoit dans la Faculté ce malheureux Livre, dans lequel les yeux de nos sages Maîtres ont su voir le Déisme tout pur.

On peut imaginer combien je fus humilié de n'y avoir vu qu'une simple inexactitude théologique sur le salut des Païens: je frémis, & je sentis combien un jeune Bachelier doit se défier de ses propres lumieres : je me hâtai de relire l'Ouvrage, pour tâcher d'y reconnoître le poison qui m'avoit échappé; mais quel fut mon étonnement, d'éprouver à la seconde lecture la même impression qu'à la premiere? Je savois, à n'en pouvoir douter, que le Livre, à le prendre in globo, étoit rempli de principes affreux; & presque toutes les maximes prises en détail, m'en paroissoient respectables: en pensant que ce que mon cœur approuvoit le plus, étoit peut-être ce qu'il y avoit de plus con- damnable, j'étois, (pour me servir de la belle comparaison employée par le grand Archevêque, à qui nous devons Marie Alacoque) j'étois semblable à un homme placé devant une table couverte de mêts délicieux, & qui, sachant que plusieurs de ces mêts sont empoisonnés, sans pouvoir les discerner, est combattu entre la crainte & le desir.

Je crois que je serois tombé dans le dé- sespoir, si un de mes amis ne m'avoit pas procuré l'Imprimé des XXXVII Propo- sitions extraites de Bélisaire par les Com- missaires de la Faculté : à la voix de nos Maîtres, mes perplexités se sont dis- sipées, & mon esprit s'est senti tout-à-coup éclairé comme par la flamme du bucher le plus lumineux. (a)

En lisant, en étudiant ce choix de Propositions jugées dignes de la censure, j'ai connu les erreurs que je devois dé- tester ; & par une conséquence nécessai- re, les vérités que je devois croire & ché- rir. Enfant docile de la sacrée Faculté,

____

(a) Voyez plus bas, Vérité XXXIV.

foumis de cœur & d'efprit aux précieufes inftructions de cette bonne mere, j'ai cherché à m'en pénétrer de plus en plus, en me développant à moi-même la chaîne des vérités oppofées aux erreurs qu'elle m'a fait connoître ; & c'eft dans cette vue que j'ai rédigé l'Ecrit que je donne au Public. Je me flatte qu'on y reconnoîtra l'efprit qui a dirigé le choix des Propofitions trouvées repréhenfibles.

J'ai fait imprimer l'Ouvrage à deux colonnes, afin de mettre toujours le remede à côté du mal. Il eft fâcheux que la forme oratoire de plufieurs de ces propofitions ait rarement permis d'y oppofer des contradictoires énoncées dans la forme logique & rigoureufe. Parmi les XXXVII Propofitions, il y en a de fort compofées, qui renferment d'autres propofitions incidentes, ou des fuppofitions, foit expreffes, foit tacites ; il n'eft pas toujours facile de démêler ce qu'il y a de véritablement repréhenfible dans ce bloc de Propofitions, & la vérité précife qui doit réfulter de la condamnation. J'ai fait de mon mieux pour faifir le vrai but des Docteurs : j'ai été obligé de me livrer à quelques explications ; j'ai quelquefois, dans le doute, envifagé les Pro-

positions dans tous les sens possibles ; ce qui m'a donné plusieurs contradictoires très-différentes , entre lesquelles le Lecteur choisira ; s'il n'aime mieux, ce qui est peut-être le plus sage , se contenter de croire implicitement qu'il y en a une de vraie, en attendant patiemment que la Faculté ait révélé celle à laquelle il faudra donner une croyance explicite.

Je regrette de n'avoir pu, quelques efforts que j'aie faits , éclaircir également tous les points de doctrine qui doivent résulter de la censure de Bélisaire ; mais je proteste que j'ai fait , pour y parvenir, tout ce qui a dépendu de moi. Après tout, je n'ai pas dû m'arroger ce qui ne m'appartient pas , il ne convient point à mon âge de décider ce que nos sages Maîtres ont laissé indécis , & mes lumieres sont trop inférieures aux leurs , pour me flatter de deviner toujours le véritable objet de leur improbation.

Au reste, ces légeres incertitudes sont des bagatelles , & il n'en résulte pas moins, de la comparaison des Propositions de Bélisaire & des Propositions opposées, un corps de vérités bien lumineuses , bien consolantes , bien capables de faire aimer la Religion, & de ramener les incrédules modernes au joug de la Foi : je m'eſtimerai heureux, ſi, en coopérant à une œuvre ſi ſainte, je puis me montrer un digne Bachelier, & mériter de parvenir un jour aux ſuprémes honneurs du Bonnet : j'entends le Bonnet de DOCTEUR.

IMPIÉTÉS DE BÉLISAIRE.

Indiculus propositionum excerptarum
ex Libro cui titulus, Belisaire.

A Paris, chez Merlin, 1767.

*De indifferentiâ omnium Religionum circâ
salutem.*

PRIMA PROPOSITIO.

Dieu nous a donné deux guides, qui
doivent être d'accord ensemble, la
lumiere de la Foi, & celle du sentiment.
Ce qu'un sentiment naturel & irrésistible
nous assure, la Foi ne peut le désavouer....
C'est la même voix qui se fait entendre du

VÉRITÉS OPPOSÉES

AUX ERREURS DE BÉLISAIRE.

De l'indifférence des Religions par rapport au Salut.

OBSERVATION. *Ce n'eſt pas ſans de bonnes rai-ſons que les Docteurs ont compris ſous ce titre , les ſeize premieres Propoſitions extraites de Béliſaire, & qu'ils l'ont préféré à celui-ci , qui ſe préſentoit comme ſous la main : Du ſalut des Païens qui ont obſervé la Loi na-turelle. Ce dernier titre auroit rappellé les opinions un peu adoucies de quelques Théologiens , peut-être trop relâ-chés , mais qu'on a cependant regardés comme Catholi-ques : or , quoique les perſonnes verſées dans la Théologie voient très-nettement la différence de ces opinions & de celles de Béliſaire , les gens du monde auroient pu ne la pas ſaiſir auſſi-bien , & trouver l'Auteur excuſable ; au-lieu que le titre que les Docteurs ont choiſi , préſente tout d'un coup les ſentiments de M. Marmontel ſous le jour le plus odieux : c'eſt un avantage qui n'étoit pas à négliger pour la bonne cauſe.*

PREMIERE PROPOSITION.

Dieu nous a donné deux guides qui peu-vent n'être pas d'accord enſemble, la lumiere de la Foi & celle du ſentiment. Ce qu'un ſentiment naturel & irréſiſtible nous aſſure , la Foi peut le déſavouer.... Ce n'eſt pas la même voix qui ſe fait entendre du haut du Ciel & du fond de mon ame : il eſt

haut du Ciel & du fond de mon ame. Il n'eſt pas poſſible qu'elle ſe démente ; & ſi d'un côté je l'entends me dire, que l'homme juſte & bienfaiſant eſt cher à la Divinité ; de l'autre, elle ne me dit pas qu'il eſt l'objet de ſes vengeances.

II. Et qui vous répond, dit l'Empereur, que cette voîx qui parle à votre cœur, ſoit une révélation ſecrete ? Si elle ne l'eſt pas, Dieu me trompe, dit Béliſaire, & tout eſt perdu. C'eſt elle qui m'annonce un Dieu, elle qui m'en preſcrit le culte, elle qui me dicte ſa loi. Auroit-il donné l'aſcendant irréſiſtible de l'évidence à ce qui ne ſeroit qu'une erreur ?

III. Que vous fait-elle donc voir ſi clairement, reprit Juſtinien, cette lueur foible & trompeuſe ? Qu'une Religion qui m'annonce un Dieu propice & bienfaiſant, eſt la vraie, dit Béliſaire ; & que tout ce qui répugne à l'idée & au ſentiment que j'en ai conçu, n'eſt pas de cette Religion.

IV. La révélation n'eſt que le ſupplément de la conſcience.

poſſible que l'une démente l'autre ; & que tandis que l'une me dit d'un côté que l'homme juſte & bienfaiſant eſt cher à la Divinité, l'autre me diſe que l'homme juſte & bienfaiſant eſt l'objet de ſes vengeances.

II. Rien ne nous répond que cette voix qui parle à notre cœur, (*la raiſon*) ſoit une révélation ſecrete : elle peut ne l'être pas ſans que Dieu nous trompe & que tout ſoit perdu. Ce n'eſt point la raiſon qui nous annonce un Dieu, qui nous en preſcrit le culte, qui nous dicte ſa Loi.... N'a-t-il pas pu donner l'aſcendant irréſiſtible de l'évidence à ce qui ne ſeroit qu'une erreur ?

III. La lueur foible & trompeuſe de la raiſon ne nous fait point voir clairement qu'une Religion qui nous annonce un Dieu propice & bienfaiſant ſoit la vraie, & que des opinions qui répugnent à l'idée & au ſentiment que nous avons de ce Dieu bienfaiſant, ne ſoient pas de cette Religion.

IV. La révélation eſt toute autre choſe que le ſupplément de la conſcience ; car ſuppléer ſimplement à la conſcience, ce ſeroit ajouter ſimplement les vérités révélées à celles dont la conſcience nous inſtruit, ſans rien enſeigner de contraire à celles-ci ; or la révélation fait toute autre choſe, comme chacun fait.

V. Je reconnois, dit Bélifaire, qu'il y a des vérités qui intéreffent les mœurs ; mais obfervez que Dieu en a fait des vérités de fentiment, dont aucun homme fenfé ne doute.

VI. Les vérités myftérieufes qui ont befoin d'être révélées, ne tiennent point à la morale. Examinez-les bien : Dieu les a détachées de la chaîne de nos devoirs, afin que, fans la révélation, il y eût par-tout d'honnêtes gens.

VII. Qu'on me propofe des myfteres inconcevables, je m'y foumets ; & je plains ceux dont la raifon eft moins éclairée ou moins docile que la mienne : mais j'efpere pour eux en la bonté d'un Pere dont tous les hommes font les enfants, & en la clémence d'un Juge qui peut faire grace à l'erreur.

VIII. La Cour de celui qui m'attend, fera infiniment plus augufte & plus belle, (*que celle de Titus, de Trajan & des Antonins.*) Elle fera compofée de ces Titus, de ces Trajans, de ces Antonins qui ont fait les délices du monde. C'eft avec eux & tous les gens de bien de tous les Pays & de tous les âges, que le pauvre aveugle

V. Les vérités qui intéreſſent les mœurs, ne ſont point des vérités de ſentiment ; & on trouve des gens ſenſés qui en doutent.

VI. Les vérités myſtérieuſes, & qui ont beſoin d'être révélées, (comme la Trinité, l'Incarnation, la Transſubſtantiation) tiennent à la Morale. Examinez-les bien, & vous verrez que Dieu y a lié la chaîne de nos devoirs, afin que, ſans la révélation, il n'y eût nulle part d'honnêtes gens.

VII. Quand on propoſe des myſteres inconcevables, c'eſt fort bien fait de s'y ſoumettre ; mais il ne faut pas s'en tenir à plaindre ceux dont la raiſon eſt moins éclairée & moins docile que la nôtre ; il ne faut point eſpérer pour eux en la bonté d'un Pere dont tous les hommes ſont les enfants : il ne faut point croire que Dieu ſoit un Juge clément qui fait grace à l'erreur.

VIII. Les Titus, les Trajans & les Antonins, qui ont fait les délices du monde, ſeront damnés éternellement ; & les gens de bien de certains ſiecles & de certains Pays ne ſe trouveront point devant le Trône du Dieu juſte & bon.

Bélisaire se trouvera devant le Trône de Dieu juste & bon.

IX. Vous espérez trouver, dit-il (*l'Empereur*) à Bélisaire, les Héros Païens dans le Ciel ! y pensez-vous? Ecoutez, mon voisin, dit Bélisaire.... Je ne puis me résoudre à croire qu'entre mon ame & celle d'Aristide, de Marc-Aurele & de Caton, il y ait un éternel abyme ; & si je le croyois, je sens que j'en aimerois moins l'Etre excellent qui nous a faits.

(*In Notâ infrà paginam ad hæc verba*, Les Héros Païens dans le Ciel, *legitur* :

Les Peres de l'Eglise ont décidé que Dieu feroit un miracle plutôt que de laisser mourir hors de la voie du salut, celui qui auroit fidélement suivi la Loi naturelle. Mais on sait que Justinien étoit fanatique & persécuteur.

(*Et in additione ad hanc Notam in calce Operis additâ habetur.*

Suarès & presque tous les Auteurs de son temps enseignent que la connoissance implicite des vérités mystérieuses de la Religion Chrétienne suffit, pour le salut, aux personnes qui sont dans l'impossibilité de les connoître distinctement ; qu'il suffit dans ce cas, de connoître & de croire d'une véritable foi *l'existence de Dieu & sa providence, & d'observer fidélement la Loi naturelle.*

Ce sentiment n'a jamais été condamné par l'Eglise; & les Auteurs qui le combattent, comme Sylvius, Habert, &c. ne le rejettent que comme moins probable.

Innocent XI & le Clergé de France, dans l'Assemblée de 1700, n'ont donné aucune atteinte à ce senti-

IX. Bélifaire ne devoit avoir aucune peine à croire qu'entre fon ame & celle d'Ariſtide, de Marc-Aurele & de Caton, il y eût un éternel abyme : cette croyance ne devoit point diminuer l'idée qu'il avoit de la bonté du Créateur.

ment de Suarès. La plus faine partie des Théologiens s'accordent à dire que les Infideles, dont l'erreur eſt de bonne foi, peuvent, avec des graces furnaturelles que Dieu leur accorde, obferver la Loi naturelle ; & que s'ils le font, Dieu ne permettra jamais qu'ils meurent fans la connoiffance des vérités néceffaires au falut.

S. Thomas, dans fon Commentaire fur le Livre des Sentences, fe propofe la difficulté des Incrédules :

Nullus damnatur in hoc quod vitare non poteſt : fed aliquis natus in filvis, vel inter infideles, non poteſt diſtinctè de fidei articulis cognitionem habere : ergò non damnatur , & tamen non habet fidem explicitam : ergò videtur quòd explicatio fidei non fit de neceffitate falutis.

Voici fa réponfe. *In eis quæ funt neceffaria ad falutem, nunquam Deus Homini quærenti fuam falutem deeſt, vel defuit, nifi ex culpâ fuâ remaneat : unde explicatio eorum quæ funt de neceffitate falutis, vel divinitùs homini provideretur per prædicationem fidei, ficut patet de Cornelio ; vel per revelationem (intimam) quâ fuppofitâ, in poteſtate eſt liberi arbitrii, ut in actum fidei erumpat.* Diſtinct. 25. quæſt. 2. art. 1.

X. J'efpere y voir, (*devant le Trône du Dieu jufte & bon*) ajouta-t-il, l'augufte & malheureux vieillard qui m'a privé de la lumiere : car il a fait du bien, & il l'a fait par goût ; & s'il a fait du mal, il l'a fait par furprife.

X. Bélifaire ne devoit point efpérer de voir Juftinien dans le Ciel, encore qu'il eût fait le bien par goût, & le mal par furprife; *ou peut-être (car les Docteurs n'ont pas expliqué fi Bélifaire s'eft trompé dans le droit ou dans le fait) peut-être* cet Empereur avoit fait le mal par goût, & le bien par furprife; *peut-être* avoit-il fait le bien fans goût & le mal fans furprife; *peut-être* n'avoit-il point fait de bien du tout.

Cette propofition eft une de celles dont il eft le plus difficile de démêler le venin. Dans fon fens apparent elle ne préfente autre chofe, finon que Bélifaire efpere que Juftinien fera fauvé malgré le mal qu'il lui a fait, & cela paroît un fentiment de charité louable: on eft même porté affez naturellement à croire que s'il n'eft pas permis de placer nommément un Prince Païen dans le Ciel, il ne l'eft pas davantage de damner nommément un Prince Chrétien; du moins cette contre-partie de la canonifation n'a pas encore été mife en ufage dans l'Eglife.

XI. Par-là, reprit Juftinien, vous allez fauver bien du monde ! Eft-il befoin, dit Bélifaire, qu'il y àit tant de reprouvés ?

XII. Vous vous faites, dit l'Empereur, une Religion en effet bien douce ! Et c'eft la bonne, reprit Bélifaire. Ne voulez-vous pas que je me repréfente le Dieu que je dois adorer comme un Tyran trifte & farouche, qui ne demande qu'à punir ? je fais bien que lorfque des hommes jaloux, fuperbes, mélancoliques, nous le repréfentent, ils le font colere & violent comme eux ; mais ils ont beau lui attribuer leurs vices : je tâche, moi, de ne voir en lui que ce que je dois imiter. Si je me trompe, au moins fuis-je affuré que mon erreur eft innocente.

XIII. Moi, dit Bélifaire, je fuis certain qu'il ne punit qu'autant qu'il ne peut pardonner ; que le mal ne vient point de lui, & qu'il a fait au monde tout le bien qu'il

Ces réflexions m'ont fait penser qu'il se pourroit que, suivant les Docteurs, le tort de Bélisaire ne fut pas d'avoir espéré le salut de Justinien, mais de n'en avoir pas été sûr, parce qu'en effet Bélisaire devoit penser que le péché qu'avoit commis cet Empereur, en lui faisant crever injustement les yeux, étoit expié surabondamment par les supplices qu'il avoit fait souffrir aux Hérétiques pour les convertir. Un Prince aussi zélé ne pouvoit jamais être damné, suivant ce beau mot de l'Apôtre saint Pierre : LA CHARITE COUVRE LA MULTITUDE DES PECHES. *Je soumets respectueusement cette conjecture à la décision du* prima mensis.

XI. Il faut bien se garder de sauver tant de monde ; il est fort bon qu'il y ait beaucoup de reprouvés.

XII. Une Religion douce n'est point du tout la bonne. Pourquoi ne pas se représenter le Dieu que l'on doit adorer, comme un Tyran triste & farouche, qui ne demande qu'à punir ? Quand des hommes jaloux, superbes, mélancoliques, le représentent colere & violent comme eux, & qu'ils lui attribuent leurs vices, ils font fort bien ; mais on a grand tort de ne voir en lui que ce qu'on doit imiter : c'est une erreur scandaleuse & très-criminelle.

XIII. Il n'est point certain que Dieu ne punisse qu'autant qu'il ne peut pardonner, que le mal ne vienne point de lui, & qu'il ait fait au monde tout le bien qu'il a pu.

XIV. Si

a pu. (*& in notâ infrà paginam*) On attribue ici à Bélisaire l'opinion des Stoïciens, adoptée par Léibnitz & par tous les Optimistes.

XIV. Ce qui m'y attache, (*à la Religion*) c'est qu'elle me rend meilleur & plus humain. S'il falloit qu'elle me rendît farouche, dur, impitoyable, je l'abandonnerois; & je dirois à Dieu : Dans l'alternative fatale d'être incrédule ou méchant, je fais le choix qui t'offense le moins. Heureusement elle est selon mon cœur. Aimer Dieu, aimer ses semblables ; quoi de plus simple & de plus naturel ! Vouloir du bien à qui nous fait du mal ; quoi de plus grand, de plus sublime ! Ne voir dans les afflictions que les épreuves de la vertu; quoi de plus consolant pour l'homme !

XV. Dieu m'a créé foible, il sera indulgent; il fait bien que je n'ai ni la folie ni la malice de vouloir l'offenser; c'est une rage impuissante & absurde que je ne conçois même pas.

XVI. Et qui de nous est juste, dit l'Empereur ? Celui qui fait de son mieux pour l'être, dit Bélisaire; car la droiture est dans la volonté.

De

XIV. Si la Religion rend meilleur & plus humain, ce n'est point là ce qui doit nous y attacher : il faudroit y tenir aussi fortement quand elle nous rendroit durs, farouches, impitoyables. Il vaut mieux, devant Dieu, être méchant qu'incrédule.

Il est difficile de savoir avec certitude quelles font les Vérités que la Sorbonne veut nous enseigner, en comprenant dans la censure la seconde moitié de la XIVe Proposition : car ce que dit Bélisaire pourroit être condamnable, ou parce que la Religion n'est pas conforme aux sentiments d'un cœur honnête comme celui de Bélisaire, ou parce qu'il n'est pas heureux qu'elle y soit conforme ; ou parce qu'aimer Dieu & ses semblables, n'est pas simple & naturel ; que vouloir du bien à qui nous fait du mal, n'est pas grand & sublime ; que ne voir dans les afflictions que les épreuves de la vertu, n'est pas consolant ; ou parce que tout cela, quoique simple & naturel, grand & sublime & consolant pour l'homme, ne forme pas le caractere de la Religion. J'avoue humblement que je n'ose pas décider quelle est précisément de ces propositions celle que l'on doit croire.

XV. Quoique Dieu m'ait créé foible, il ne sera point indulgent ; il croit que les hommes peuvent avoir la folie & la malice de vouloir l'offenser : une pareille volonté n'est point une rage impuissante & absurde, & on la conçoit très-bien.

XVI. Qui de nous est juste ? ce n'est pas celui qui fait de son mieux pour l'être, car la droiture n'est pas dans la volonté.

C

*De Indifferentiâ Principum circà Reli-
gionem.*

XVII. Dieu n'a pas besoin de vous pour
soutenir sa cause, dit Bélisaire. Est-ce en
vertu de vos Edits, que le Soleil se leve,
& que les étoiles brillent au Ciel ?

XVIII. Si la Providence a rendu indépendant de ces verités sublimes l'ordre de
la Société, l'état des Hommes, le destin
des Empires, les bons & les mauvais succès des choses d'ici-bas ; pourquoi les Souverains ne font-ils pas comme elle ?... Je
vois, dit l'Empereur, que vous ne leur

De l'Indifférence des Princes pour la Religion.

OBSERVATION. *J'ai d'abord pensé qu'il auroit été plus convenable de ne donner d'autre titre aux Propositions qui suivent, que celui-ci :* De Tolerantiâ civili, *de la Tolérance civile ; il faut avouer que ce titre auroit été plus simple : mais celui que les Docteurs ont choisi, a l'avantage de renfermer une bien grande instruction. Il nous apprend qu'aux yeux de la Faculté,* un Prince tolérant, c'est-à-dire, un Prince qui ne fait point usage de sa puissance pour contraindre ses Sujets à suivre la Religion, & à faire céder leur conscience à la sienne, qui ne punit point par l'exil, par les supplices & la mort même, ceux qui pensent autrement que lui, *est précisément la même chose qu'un Prince indifférent pour sa Religion ; d'où il résulte que la Sorbonne est fermement convaincue que* l'intolérance civile est de l'essence de la Religion ; que l'usage d'exiler, d'emprisonner, de brûler les Hérétiques, est un usage pieux, très-conforme à l'esprit du Christianisme, très-bon à conserver ou à rétablir. *Or il est fort utile qu'on sache que la Sorbonne pense ainsi.*

XVII. Dieu a besoin des Princes pour soutenir sa cause. N'est-ce pas en vertu de leurs Edits que le Soleil se leve & que les étoiles brillent au Ciel ?

XVIII. Si la Providence a rendu indépendant des vérités sublimes de la révélation, l'ordre de la Société, l'état des Hommes, le destin des Empires, les bons & les mauvais succès des choses d'ici-bas ; ce n'est pas une raison pour que les Souverains fassent comme elle, & pour qu'ils se bornent au soin de ce qui intéresse les hommes.

C

laiſſez que le ſoin de ce qui intéreſſe les hommes.

XIX. Dieu remet aux Princes le ſoin de juger les actions des Hommes ; mais il ſe réſerve à lui ſeul le droit de juger les penſées.

XX. Plût au Ciel que Juſtinien eût renoncé comme eux (*l'Empereur Conſtance & Théodoric, Roi des Goths*) au droit d'aſſervir la penſée !

XXI. Si la liberté de penſer eſt ſans frein, dit l'Empereur, la liberté d'agir ſera bientôt de même.

Point du tout, reprit Béliſaire ; c'eſt là que l'Homme rentre ſous l'empire des loix.

XXII. Les eſprits ne ſont jamais plus unis, que lorſque chacun eſt libre de penſer comme bon lui ſemble. Savez-vous ce qui fait que l'opinion eſt jalouſe, tyrannique & intolérante ? c'eſt l'importance que les Souverains ont le malheur d'y attacher ; c'eſt la faveur qu'ils accordent à une ſecte, au préjudice & à l'excluſion de toutes les ſectes rivales.

XIX. Dieu n'a pas feulement remis aux Princes le foin de juger les actions des Hommes, il leur a remis auſſi le droit de juger les penſées.

XX. Il eût été fâcheux que Juſtinien eût renoncé au droit d'aſſervir la penſée.

XXI. Si la liberté de penſer eſt ſans frein, celle d'agir ſera bien-tôt de même ; car les Loix n'ont pas plus d'empire ſur les actions que ſur les penſées.

XXII. Lorſque chacun eſt libre de penſer comme bon lui ſemble, les eſprits n'en font pas plus unis : l'opinion ſeroit jalouſe, tyrannique & intolérante, quand même les Princes n'y attacheroient aucune importance : les ſectes rivales ſe déchireroient, quand il n'y en auroit aucune de favoriſée au préjudice & à l'excluſion des autres.

Voici un exemple de ces Propoſitions qui, pouvant être enviſagées ſous pluſieurs faces, laiſſent quelque doute ſur la vérité que les Docteurs ont en vue d'établir par leur condamnation. Peut-être ont-ils voulu nous enſeigner que l'opinion n'eſt jamais jalouſe, tyrannique & intolérante, que les Princes ne peuvent jamais y attacher trop d'im-

XXIII. Le plus frivole objet devïent grave, dès qu'il influe férieufement fur l'état des Citoyens : & croyez que cette influence eft ce qui anime les partis. Qu'on attache le même intérêt à une difpute élevée fur le nombre des grains de fable de la mer; on verra naître les mêmes haines.

XXIV. Qu'il n'y ait plus rien à gagner fur la Terre à fe débattre pour le Ciel; que le zele de la vérité ne foit plus un moyen de perdre fon rival ou fon ennemi, de s'élever fur leurs débris, de s'enrichir de leurs dépouilles, d'obtenir une préfé-rence à laquelle ils pouvoient prétendre;

portance, ni trop favorifer une fecte au préjudice & à
l'exclufion de toutes les fectes rivales ; *que c'eſt le vrai
moyen d'unir tous les efprits & de tout pacifier : Il n'eſt
pas impoſſible que ce foit là leur véritable fens.*

XXIII. Un objet frivole ne devient pas
plus grave, quoiqu'il influe férieufement fur
l'état des Citoyens : les partis n'en feroient
pas moins animés, quand cette influence feroit nulle : quand même une difpute élevée
fur le nombre des grains de fable de la mer
influeroit férieufement fur l'état des Citoyens,
(*les expoferoit à la perte de leur honneur, de
leur liberté, de leurs biens, de leur vie*) elle
n'exciteroit aucune haine.

*Ne pourroit-on pas croire auſſi, que les Docteurs ont
voulu nous apprendre que les difputes des Théologiens ne
font jamais frivoles? En effet, cette vérité eſt notoire pour
tous ceux qui ont lu avec attention l'Hiſtoire Eccléſiaſtique.*

*Il faut, au reſte, bien fe garder de penfer qu'ils aient
prétendu condamner dans cette propoſition la fuppoſition
qu'ils voudroient y faire foupçonner, que la Religion eſt
un objet frivole ; car l'Auteur ne difant rien qui appro-
che de cette fuppoſition, ce feroit une infinuation calom-
nieufe & atroce : or les Docteurs font incapables de calomnier.*

XXIV. *Me voici encore dans l'embarras :
je n'ofe prononcer ſi la condamnation tombe
ici fur la propoſition conditionnelle qu'énonce
l'Auteur, ou fur les fuppoſitions tacites que
les Docteurs y ont vues. Pour ne laiſſer aucun fubterfuge à l'erreur, j'ajoute à la con-
tradictoire directe, les contradictoires des deux
fuppoſitions que fous-entend l'Auteur. Les
trois propoſitions qu'on peut oppofer à la pro-*

tous les esprits se calmeront, toutes les sec-
tes seront tranquilles.

XXV. Le Ciel m'en préserve, (*de rendre
le zele d'un Prince inutile à la Religion*)
dit Bélisaire! Je suis sûr de lui laisser le
plus infaillible moyen de la rendre chere

poſition condamnée, *ſont*, *ou celle-ci* : Quand il n'y auroit rien à gagner ſur la terre à ſe débattre pour le Ciel ; quand le zele de la vérité ne ſeroit jamais un moyen de perdre ſon rival ou ſon ennemi, de s'élever ſur leurs débris, de s'enrichir de leurs dépouilles, d'obtenir une préférence à laquelle ils pouvoient prétendre ; les eſprits ne s'en calmeroient pas davantage, & les ſectes n'en ſeroient pas plus tranquilles. *Ou celle-ci* : Il n'y a jamais eu rien à gagner ſur la terre à ſe débattre pour le Ciel ; le zele de la vérité n'a jamais été un moyen de perdre ſon rival ou ſon ennemi, de s'élever ſur leurs débris, de s'enrichir de leurs dépouilles, d'obtenir une préférence à laquelle ils pouvoient prétendre. *Ou enfin celle-ci* : Quoiqu'il y ait eu quelque fois d'aſſez bonnes choſes à gagner ſur la terre, à ſe débattre pour le Ciel ; jamais ceux qui ſe ſont débattus pour le Ciel, n'ont cherché à rien gagner ſur la terre ; & quoique le zele de la vérité ait pu être quelquefois un moyen de perdre ſon rival ou ſon ennemi, &c. &c. &c. jamais les zélés n'ont uſé de ce moyen.

Il eſt certain que la condamnation de la propoſition dont il s'agit, nous oblige à croire au moins une de ces trois choſes.

XXV. Le plus infaillible moyen qu'ait un Prince de rendre la Religion chere à ſes Peuples, n'eſt pas de faire juger de la ſainteté de ſa croyance par la ſainteté de ſes mœurs, de donner ſon regne pour exemple

à ses Peuples : c'est de faire juger de la
sainteté de sa croyance par la sainteté de ses
mœurs ; c'est de donner son regne pour
exemple & pour gage de la vérité qui l'é-
claire & qui le conduit.

XXVI. Et qui appaisera les troubles
élevés, demanda l'Empereur? L'ennui, répondit Bélisaire ; l'ennui de disputer sur
ce qu'on n'entend pas, sans être écouté
de personne. C'est l'attention qu'on a donnée aux nouveautés, qui a produit tant de
Novateurs. Qu'on n'y mette aucune importance ; bientôt la mode en passera.

XXVII. Elle (*la vérité*) triomphera ,
dit Bélisaire ; mais vos armes ne sont pas
les siennes. Ne voyez-vous pas qu'en donnant à la vérité le droit du glaive, vous
le donnez à l'erreur? Que pour l'exercer,
il suffira d'avoir l'autorité en main ? & que
la persécution changera d'étendards & de
victimes au gré de l'opinion du plus fort?
Ainsi Anastase a persécuté ceux que Justinien protege ; & les enfants de ceux qu'on

& pour gage de la vérité qui l'éclaire & qui le conduit : punir, exiler, empoifonner ceux qui refufent de la croire, feroit un moyen tout autrement infaillible de la rendre chere à fes Peuples.

XXVI. L'ennui de difputer fur ce qu'on n'entend pas fans être écouté de perfonne, n'appaife point les troubles : quand on ne donneroit aucune attention aux nouveautés, il n'y auroit pas moins de Novateurs, & la mode n'en pafferoit point.

*Cette propofition eft encore une de celles qui renferment une fuppofition tacite ; car Bélifaire fuppofe évidemment que les difputes dont il parle font ennuyeufes & inintelligibles. Il faudroit être bien injufte, pour trouver mauvais que les Docteurs condamnaffent une fuppofition fi fcandaleufe. Auffi fuis-je très-convaincu que c'eft là ce qui, dans cette propofition, a le plus enflammé leur zele, & que la vérité qu'ils ont voulu nous enfeigner eft celle-ci : Ja-*mais les difputes théologiques ne font ennuyeufes ; on s'y entend toujours parfaitement : tout le monde les écoute & s'en occupe avec un plaifir toujours nouveau.

XXVII. Les armes temporelles font les armes de la vérité : le droit du glaive lui appartient exclufivement ; & l'erreur, lors même qu'elle aura l'autorité en main, ne pourra l'exercer, parce qu'elle fera l'erreur. Il ne s'enfuit donc pas que la perfécution changera d'étendards & de victimes au gré de l'opinion du plus fort. Il eft bien vrai qu'Anaftafe a perfécuté ceux que Juftinien a protégés, & que les enfants de ceux qu'on égorgeoit alors, ont égorgé à leur tour la poftérité

égorgeoit alors, égorgent à leur tour la postérité de leurs persécuteurs.

XXVIII. Dans les espaces immenses de l'erreur, la vérité n'est qu'un point. Qui l'a saisi ce point unique? Chacun prétend que c'est lui; mais sur quelle preuve? & l'évidence même le met-elle en droit d'exiger, d'exiger le fer à la main, qu'un autre en soit persuadé?

XXIX. La persuasion vient du Ciel ou des hommes. Si elle vient du Ciel, elle a par elle-même un ascendant victorieux; si elle vient des hommes, elle n'a que les droits de la raison sur la raison.

de leurs perfécuteurs : mais il faut remarquer que lorfque les Hérétiques égorgent les Orthodoxes, ils perfécutent la vérité ; au-lieu que quand ce font les Orthodoxes qui égorgent les Hérétiques, ils ne font que punir l'erreur : ainfi le raifonnement de Bélifaire n'eft qu'un fophifme fondé fur une équivoque. Il a très-bien obfervé que les différents partis fe maffacroient alternativement ; mais il n'a pas vu que ces maffacres alternatifs méritent ou ne méritent pas le nom de perfécutions, fuivant que ce font les Hérétiques ou les Orthodoxes qui maffacrent.

XXVIII. Le Prince Orthodoxe eft toujours fûr d'avoir faifi le point unique de la vérité dans les efpaces immenfes de l'erreur. Il a raifon de prétendre qu'il l'a faifi plutôt que tout autre, & que c'eft lui qui eft Orthodoxe, & non ceux qui penfent autrement que lui. Cette prétention n'a pas befoin d'autres preuves que celles qui lui ont paru bonnes. Elles fuffifent pour le mettre en droit d'exiger, le fer à la main, que tous fes Sujets en foient perfuadés.

XXIX. La perfuafion qui vient du Ciel n'a point par elle-même un afcendant victorieux ; elle a befoin d'être aidée par la force. La perfuafion qui vient des hommes a d'autres droits que ceux de la raifon fur la raifon ; car lorfque c'eft le plus fort qui a raifon, elle a encore le droit du plus fort.

XXX. A quoi penſe un mortel de donner pour loi ſa croyance? Mille autres, d'auſſi bonne foi, ont été ſéduits & trompés.

XXXI. Quand il ſeroit infaillible, eſt-ce un devoir pour moi de le ſuppoſer tel? S'il croit, parce que Dieu l'éclaire, qu'il lui demande de m'éclairer; mais s'il croit ſur la foi des hommes, quel garant pour lui & pour moi!

XXXII. Le ſeul point ſur lequel tous les partis s'accordent, c'eſt qu'aucun d'eux ne comprend rien à ce qu'ils oſent décider; & vous voulez me faire un crime de douter de ce qu'ils décident!

XXXIII. Laiſſez deſcendre la Foi du Ciel, elle fera des Proſélytes; mais avec des Edits, on ne fera jamais que des rebelles ou des frippons.

XXXIV. La vérité luit de ſa propre lumiere; & on n'éclaire pas les eſprits avec la flamme des buchers.

XXX. Il eſt raiſonnable qu'un mortel donne pour loi ſa croyance ; car les gens de bonne foi n'ont jamais été ſéduits ni trompés.

XXXI. Quoique les Princes ne ſoient pas infaillibles , & que ce ne ſoit pas un devoir pour leurs Sujets de les ſuppoſer tels , les Princes ne doivent pas ſe contenter de demander à Dieu d'éclairer ceux qui penſent autrement qu'eux : ſoit qu'ils croient , parce que Dieu les éclaire ; ſoit qu'ils croient ſur la Foi des hommes ; il ſuffit qu'ils ſoient perſuadés & qu'ils aient l'autorité en main , pour qu'ils puiſſent forcer les autres à ſe conformer à leur façon de penſer.

XXXII. Quoique les partis conviennent également qu'ils ne comprennent rien à ce qu'ils décident , ils n'en ſont pas moins en droit de faire un crime de douter de ce qu'ils décident.

XXXIII. Laiſſez deſcendre la Foi du Ciel , elle ne fera que des rebelles ou des frippons ; mais avec des Edits , on fera des Proſélytes.

XXXIV. La vérité ne luit point de ſa propre lumiere ; & on peut éclairer les eſprits avec la flamme des buchers.

XXXV. Si la violence & la cruauté lui mettent (*à la Religion*) la flamme & le fer à la main ; si les Princes qui la proffeſſent, faiſant de ce monde un enfer, tourmentent, au nom d'un Dieu de paix, ceux qu'ils devroient aimer & plaindre, on croira de deux choſes l'une, ou que leur Religion eſt barbare comme eux, ou qu'ils ne ſont pas dignes d'elle.

XXXVI. Comment voulez-vous accoutumer les hommes à voir un homme s'ériger en Dieu, & commander les armes à la main, de croire ce qu'il croit, de penſer comme il penſe ?

XXXVII. Tout eſt perdu en Afrique, me dit-il, (*Salomon, Général de Juſtinien*) les Vandales ſont révoltés … & cela pour quelques rêveurs qui ne s'entendent pas eux-mêmes, & qui jamais ne ſeront d'accord ; si l'Empereur s'en mêle, s'il donne des Edits pour des ſubtilités qu'il n'entend pas lui même… pour moi j'y renonce (*à être mis à la tête des Armées.*) …. ainſi me parla ce brave homme. Entre nous il avoit raiſon.

XXXV. Si la violence & la cruauté mettent à la Religion la flamme & le fer à la main ; fi les Princes qui la proueſſent, faiſant de ce monde un enfer, tourmentent, au nom d'un Dieu de paix, ceux qu'ils devroient aimer & plaindre ; ils pourront être très-dignes de leur Religion, qui n'en ſera pas moins douce, ni eux non plus.

XXXVI. Pourquoi les hommes s'étonneroient-ils de voir un Homme s'ériger en Dieu, & commander, les armes à la main, de croire ce qu'il croit & de penſer comme il penſe ? Ils doivent y être accoutumés depuis long-temps ; d'ailleurs la Sorbonne trouve cela tout ſimple.

XXXVII. L'Empereur avoit raiſon, quand les Vandales étoient révoltés en Afrique, de ſe mêler des diſputes des Théologiens, & de donner des Edits pour des ſubtilités auxquelles il ne comprenoit rien ; & Salomon, ſon Général, avoit grand tort de renoncer à faire la guerre pour forcer les Vandales à quitter leur croyance.

Præter has-ce propositiones, aliæ plures annotatæ sunt reprehensione dignæ, quas tamen in indiculo collocandas Deputati non judicarunt, rati satius esse earum duntaxat fieri mentionem in clausulâ censuræ.

OBSERVATION. *Les Commiſſaires Députés annoncent qu'outre ces XXXVII Propoſitions, ils en ont
noté beaucoup d'autres dignes de repréhenſion, mais qu'ils
n'ont pas jugé à propos de les placer dans leur* Indiculus.
*C'eſt bien dommage ! cependant on eſpere que le Public n'y
perdra rien, car ils promettent d'en faire mention dans la
Concluſion de leur cenſure.*

*Des gens de goût, du College Maʒarin, ont été bleſſés
de trouver la Latinité des Titres & des Notes de l'*Indiculus *ſi plate & ſi barbare : cette critique eſt peu réfléchie,
& ne ſeroit bonne que ſi l'*Indiculus *étoit l'ouvrage d'un
Rhétoricien ; mais il n'eſt pas queſtion ici de ſtyle & d'élé-
gance : l'objet d'une cenſure théologique eſt trop grave pour
qu'on s'y occupe des mots.*

*D'autres perſonnes ne goûtent point ce nombre de
XXXVII Propoſitions. Elles diſent que ce compte n'eſt
point un compte rond, qu'il n'a rien de piquant ; elles
voudroient que les Docteurs ſe fuſſent arrêtés à* cinq *Propoſitions, ou bien qu'ils euſſent été juſqu'à* cent-une, *ou
mieux encore, juſqu'à* mille & une, *qui ſont des nombres
conſacrés pour ces ſortes de choſes. Cette critique eſt in-
génieuſe, mais un peu trop ſévere.*

QUOD FELIX FAUSTUM JUCUNDUMQUE

S I T

SACRÆ FACULTATI

ALMÆ MATRI MEÆ.

BILLET

de Mr. de V., adreſſé à Mr. D.

P. Endant que la Sorbonne, entraînée par un zele louable, mais très-peu éclairé, & qui fait peu d'honneur à la Nation, veut cenſurer *Béliſaire*, il eſt traduit dans preſque toutes les Langues de l'Europe; & l'Impératrice de Ruſſie mande de Caſan, en Aſie, qu'on y imprime actuellement la Traduction Ruſſe. Mr. D. eſt prié de faire paſſer ce petit Billet à Mr. *de Marmontel*, en quelque lieu qu'il puiſſe être. (*)

(*) *NB.* Dans le long voyage que S. M. l'Impératrice de Ruſſie vient de faire dans l'intérieur de ſes Etats, Elle a daigné s'amuſer dans ſes loiſirs, à traduire Béliſaire en Langue Ruſſe. Les Seigneurs de ſa ſuite ont eu chacun leur chapitre. Le IXe, *ſur les vrais Intérêts d'un Souverain*, eſt tombé en partage à Sa Majeſté. Il ne pouvoit être en de meilleures mains : auſſi dit-on qu'il eſt traduit dans la plus grande perfection. Sa Majeſté a pris la peine de rédiger Elle-même tout l'Ouvrage. Elle le fait imprimer actuellement; & comme il a été commencé dans la Ville de Tver, c'eſt à l'Archevêque de Tver que l'Impératrice l'a dédié

RÉPONSE
DE M. MARMONTEL,

A une Lettre de Mr. l'Abbé RIBALLIER, Syndic de la Faculté de Théologie de Paris.

LOrsque je reçus, Monsieur, votre Lettre du 19 Février, je demandois la paix, & je crus devoir diffimuler tout ce qu'une Lettre fi dure avoit d'injufte & d'offenfant pour moi.

Mais à préfent que j'ai perdu toute efpérance d'éviter un éclat, vous ne trouverez pas mauvais que je revienne fur cet objet.

Je commence, Monfieur, par vous rappeller nos entretiens. Le Magiftrat qui préfide à la Librairie, m'ayant fait l'honneur de m'écrire, qu'il defiroit que j'euffe une conférence avec vous, & que vous y aviez confenti, j'allai vous voir, & je vous fuppliai de me dire ce qu'on trouvoit de repréhenfible dans mon Ouvrage. Vous me répondîtes que le quinzieme Chapitre attaquoit la Religion; que tout y annonçoit le Naturalisme, & que Bélisaire étoit un Déiste que j'opposois à un Chrétien. Je vous assurai que mon intention avoit été de faire de Bélisaire un Chrétien doux & charitable, & de l'opposer à un Chrétien fanatique, tel que l'étoit Justinien. J'ajoutai que dans tous les Livres qui attaquoient la Religion, j'avois remarqué qu'on lui reprochoit sur-tout de damner les Infideles de bonne foi, & d'autoriser les persécutions; & que j'avois voulu faire voir, autant qu'il étoit en moi, que son véritable esprit étoit absolument contraire à ces deux especes de fanatisme. Vous me dîtes que ce motif étoit louable, mais que j'avois été trop loin. Je répondis que s'il m'étoit échappé dans les détails quelque chose de repréhensible, j'étois prêt à le rectifier; que je vous soumettois mes lumieres; que je ne défendois que mes intentions; & que je vous priois de me permettre de les justifier, en vous expliquant dans quel sens j'avois dit ce que vous n'approuveriez pas. Vous prîtes la peine, Monsieur, de lire avec moi le quinzieme Chapitre. Je ne vous répéterai point vos critiques ni mes réponses; elles sont contenues dans un Mémoire que je me propose de publier. Je dirai seulement que malgré la légéreté avec laquelle vous passiez fur mes raifons, malgré l'efpece de répugnance que vous aviez à fixer votre attention fur les endroits du Livre qui dépofoient en ma faveur, je me tins dans les bornes de la modeftie & de la docilité qui me convenoient, & que vous en fûtes content vous-même. Vous me fîtes l'honneur de me dire que vous étiez d'autant plus difpofé à me croire de bonne foi, que dans aucun de mes Ouvrages, il ne m'étoit rien échappé jufqu'ici de contraire à la Religion ; & vous finîtes par m'affurer que vous feriez votre poffible pour accommoder les chofes fans éclat. Je vous laiffai dans ces difpofitions.

En rentrant chez moi, je trouvai la dixieme feuille de mon Livre, que l'Imprimeur m'envoyoit à corriger pour la deuxieme édition. Cette feuille contenoit heureufement la moitié du quinzieme Chapitre. Je fis réflexion que dans notre conférence, quand je répondois à vos difficultés, vous m'aviez répété fouvent, qu'il auroit fallu mettre en notes les raifons que je vous donnois. Je crus donc qu'il en étoit temps ; & j'allai vous revoir avec l'efpérance de tout concilier par-là : je vous trouvai plus difficile, & je m'apperçus très-bien qu'on vous avoit animé. Vous infiftâtes fur l'imputation de Déifme, & fur

l'autorité que Bélifaire donnoit à fa confcience, à laquelle, difiez-vous, il fubor-
donnoit la Foi. Quant à la propofition que
je vous fis de tout éclaircir par des notes,
vous me dîtes qu'il en falloit non-feulement dans cette feuille, mais dans la fui-
vante. Il y avoit à cela quelques difficultés
dont je vous fis le détail ; mais je ne m'y
arrêtai point. Je vous fuppliai de marquer
les articles qui exigeroient ces Notes cor-
rectives, & vous me promîtes d'affembler
quelques Docteurs des plus fages, pour
vous confulter avec eux.

Cependant votre perfévérance à voir un
Déifte dans Bélifaire, & l'opinion où je
vous avois laiffé, que je donnois trop à la
confcience au préjudice de la Foi, me cau-
foient de l'inquiétude. J'eus l'honneur de
vous écrire le lendemain, pour oppofer à
vos préventions fur ces deux articles, les
mêmes éclairciffements que j'ai inférés dans
mon Mémoire ; je vous fuppliai de nouveau de compter fur ma docilité, & d'en
répondre, ainfi que de ma bonne foi, aux
Théologiens avec lefquels vous deviez dé-
libérer. Quel réfultat, Monfieur, de cette
délibération, que la Lettre que je reçus
de vous le lendemain ! La voici.

LET-

LETTRE de Mr. RIBALLIER à Mr. MARMONTEL, du 19 Février.

J'ai fait part de votre Lettre, Monsieur, aux perſonnes que j'ai conſultées ce ſoir ſur votre Livre. Vos explications leur paroiſſent, comme à moi, tout-à-fait inſuffiſantes. *Je conviens que vous parlez de Révélation & de Vérités myſtérieuſes dans le Chapitre en queſtion ; mais ce ne ſont que de vains noms, qui ne ſont là que pour la parade, & pour jetter de la poudre aux yeux. Dans le fait vous regardez la révélation comme fort indifférente, ou au moins comme très-inutile pour les mœurs ;* vous le dites même expreſſément, page 243 : " Les „ vérités myſtérieuſes qui ont beſoin d'ê„ tre révélées ne tiennent point à la mo„ rale. Examinez-les bien. Dieu les a dé„ tachées de la chaîne de nos devoirs, afin „ que ſans la Révélation il y eût par-tout „ d'honnêtes gens, „ (*) *A quoi donc ſert ce ſupplément de la conſcience ? S'il ne nous apprend rien pour notre conduite, ſi nous connoiſſons tous nos devoirs ſans avoir recours à ce moyen, vous devez convenir que rien n'eſt plus inutile.* D'un autre côté, ces vérités myſtérieuſes, qui ſelon vous ne ſont que des vérités de ſpéculation, ne ſont

(*) Page 179 de cette édition.

D

point du tout nécessaires pour le salut, *puisque l'on peut être sauvé sans les croire*, & que vous mettez dans le Ciel, non-seulement les Héros Païens qui ont précédé l'établissement du Christianisme, mais encore ceux qui ont connu cette Religion, & qui en ont persécuté les Disciples. *A quoi donc peuvent servir ces vérités? Je vous avoue que s'il y a quelque chose qui me paroisse évident, c'est la conséquence que l'on tire de la lecture du Chapitre XV, qu'il n'a d'autre but que d'établir le Déisme, & de faire regarder le Christianisme comme une Religion odieuse, ou au moins fort indifférente.* Je n'imagine aucune explication qui puisse empêcher cette impression. Il faut donc vous déterminer à supprimer ce Chapitre, ou à le refondre de maniere que l'on n'y apperçoive pas le moindre vestige du premier systême. Puisque vous voulez parler de la Religion, parlez-en d'une maniere convenable ; ou trouvez bon que ceux qui sont chargés par état de la défendre, prennent ses intérêts: c'est ce que je compte faire en mon particulier, en demandant à la Faculté de Théologie une censure raisonnée, qui puisse servir de contrepoison aux maximes dangereuses que vous établissez dans votre Livre.

Je suis très-parfaitement, &c.

(7)

Reprenons cette Lettre article par article. *Mes explications*, dites-vous, *paroiſſent inſuffiſantes*. Il ne tenoit qu'à vous, Monſieur, de m'en demander de nouvelles, ou d'y ſuppléer, en vous rappellant les détails de nos entretiens : mais vous les aviez oubliés, & votre Lettre en eſt la preuve. Vous y dites, que dans mon Livre, *je parle de Révélation & de Vérités myſtérieuſes ; mais* que *ce ne ſont que de vains noms, qui ne ſont là que pour la parade & pour jetter de la poudre aux yeux.* Voilà, Monſieur, une étrange maniere de rendre ce que j'ai dit de la Révélation & des Myſteres, dans les termes les plus reſpectueux ! *Je parle de Révélation !* Non, Monſieur, je ne me contente pas d'en parler ; je dis que Dieu nous l'a donnée pour guide ; qu'elle eſt le ſupplément de la conſcience ; que les Myſteres qu'elle propoſe, quoiqu'inconcevables, méritent, demandent la ſoumiſſion de l'homme, & qu'il faut plaindre ceux dont la raiſon eſt moins éclairée ou moins docile que celle de l'homme qui s'y ſoumet. Si ce ſont là des expreſſions pour la parade & pour jetter de la poudre aux yeux, dites-moi quel eſt le langage ſérieux & ſincere dont on ne pût dire la même choſe avec autant de raiſon. Vous continuez à me traiter de charlatan,

D ij

de fourbe & d'hypocrite. *Dans le fait, vous regardez*, me dites-vous, *la Révélation comme fort indifférente. Dans le fait,* Monsieur ! & c'est là *le fait* dont il s'agit entre nous. Je le nie *ce fait*, & vous le supposez. *Je regarde la Révélation comme fort indifférente !* Monsieur, j'entends la force des termes, & je vous prie de me dire pourquoi vous employez ici ce *fort indifférente.* Est-ce là le style & le ton de l'homme impartial & juste que je croyois trouver en vous, & à qui je m'étois livré avec tant de confiance ? *Je regarde la Révélation comme fort indifférente, ou au moins comme très-inutile pour les mœurs.* Voilà encore un *très-inutile* qui me semble très-déplacé. J'ai dit que les vérités mystérieuses, & qui ont besoin d'être révélées, ne tiennent point à la morale, & que Dieu les a détachées de la chaîne de nos devoirs, afin que, sans la Révélation, il y eût par-tout d'honnêtes gens. Mais, 1°. *Les Mysteres révélés* ne sont point la Révélation prise dans toute son étendue, & je n'ai pas dit de la Révélation en général ce que j'ai dit des Mysteres révélés. 2°. Je n'ai point dit que la connoissance de ces Mysteres fût indifférente. Rien dans mon Livre ne le fait entendre. 3°. Les Mysteres révélés peuvent ne pas tenir à la morale, fans pour cela être inutiles comme vous le prétendez. Vous demandez *à quoi donc fervent ces Vérités myftérieufes, fi elles ne nous apprennent rien pour notre conduite* morale, *fi nous connoiffons tous nos devoirs* moraux *fans avoir recours à ce moyen?* Je dois *convenir,* dites-vous, *que rien n'eft plus inutile.* En vérité, Monfieur, fi je ne favois pas que vous êtes le Chef d'une Faculté de Théologie, & fi je ne voyois votre nom au bas de votre Lettre, je ne croirois jamais que cette objection m'eft faite par un Théologien. Comment, Monfieur, *à quoi fervent les Myfteres, s'ils ne fervent pas à notre conduite* morale? Tous les Théologiens vous répondront pour moi, qu'ils fervent à exercer la foumiffion de notre efprit. St. Paul vous dira qu'ils fervent à nous faire captiver notre entendement fous l'obéiffance de la Foi. Les Peres vous diront que ces Myfteres fervent à faire que le facrifice de l'homme foit complet, & qu'après avoir dompté les paffions de fon cœur, il facrifie encore à Dieu les lumieres de fon efprit. Et vous voulez que je convienne que, fi les Myfteres révélés ne fervent pas à diriger notre conduite morale, *il n'y a rien de plus iuutile !* Non, Monfieur, je ne vois pas cette inutilité comme vous. Je vois dans

la révélation des Myſteres, la connoiſ-
ſance plus développée de mes devoirs envers Dieu, de nouveaux motifs d'eſpéran-
ce, de reconnoiſſance & d'amour pour lui,
& des idées plus profondes & plus ſubli-
mes de ſes attributs & de ſon eſſence.
Pour vous, Monſieur, ſi vous ne voulez
reconnoître, dans la révélation des Myſteres, d'autre utilité que leur influence
ſur les mœurs, que leur rapport avec les
devoirs de l'homme envers l'homme, les
ſeuls dont il ſoit queſtion dans cet endroit
de mon Livre ; expliqueriez-vous bien
comment le Myſtere de la Trinité, celui
de la Proceſſion du St. Eſprit, celui du
Péché originel, &c. ſont liés avec ces devoirs ; & quelle influence ils ont ſur la
conduite d'un pere, d'un fils, d'un ami,
d'un Citoyen, &c. ? Voilà la tâche que vous
avez à remplir, & je vous déclare que je
ne ceſſerai de vous preſſer, juſqu'à ce que
vous vous ſoyez nettement expliqué ſur
cet Article.

Je continue à parcourir cette Lettre ſi
étonnante. Vous me reprochez d'avoir dit
que *les Vérités myſtérieuſes ne ſont point du
tout néceſſaires au ſalut, puiſque l'on peut
être ſauvé ſans les croire;* & la preuve que
vous donnez que j'ai dit qu'on peut être
ſauvé ſans les croire, c'eſt que j'ai mis dans

le Ciel non-feulement les Héros Païens qui ont précédé l'établiffement du Chriftianif-me, mais encore ceux qui ont connu cette Religion, & qui en ont perfécuté les Dif-ciples. *A quoi donc*, me demandez-vous, *peuvent fervir ces vérités ?* Je vous demande à mon tour, Monfieur, en quel endroit de mon Livre j'ai dit que ces vérités ne feroient pas révélées aux Infideles de bonne foi qui auroient fuivi la Loi naturelle ? Saint Thomas décide qu'elles le feroient *par miracle*, s'il étoit befoin, *divinitùs,*.... *per revelationem ;* & cette révélation eft fans doute un des moyens que Dieu s'eft ré-fervés pour *rendre même à tout Infidele le falut poffible.* (1) Telle eft la Doctrine de votre Faculté. En faifant efpérer à Bélifaire qu'il trouveroit dans le Ciel les plus vertueux des Païens, je n'ai exclu aucun des moyens que Dieu avoit eus de les fauver. Pourquoi m'en faites-vous exclure la révélation des Vérités néceffaires au falut ?

Quant à la connoiffance que vous fuppofez que ces Païens ont eue de la Religion Chrétienne en la perfécutant, permettez-moi de vous renvoyer à cet Article de mon Mémoire.

____

(1) Cenfure d'Emile, premiere Partie, Lettre cinquieme.

Vous concluez, Monfieur, que s'il y a quelque chofe qui vous paroiffe évident, c'eft la conféquence que l'on tire de la lecture du quinzieme Chapitre, qu'il n'a d'autre but *que d'établir le Déifme*. Pourriez-vous, Monfieur, faire figner à un Déifte, quelque mitigé qu'il fût, la profeffion de Foi de Bélifaire, qui eft la page 240 ? (*) Vous ne devriez pas l'avoir oubliée ; car, dans nos entretiens, je vous ai preffé plus d'une fois d'y jetter les yeux, & j'ai pris le foin de plier la page, afin qu'il vous fût plus aifé de la retrouver au befoin. Je vous prie de la relire, & avec plus d'attention que vous n'avez fait jufqu'ici.

Mais ce qui fuit dans votre Lettre, eft encore plus violent que tout ce qui a précédé. *J'ai voulu*, dites-vous, *faire regarder le Chriftianifme comme une Religion odieufe, ou du moins très-indifférente.* Monfieur, fi un feul homme jufte & raifonnable a vu, dans mon Ouvrage, le projet déteftable que vous m'imputez, je foufcrirai à ma condamnation. Eft-il poffible que vous voyez fi différemment que le Public, que les perfonnes inftruites & fages qui ont lu & cenfuré mon Livre ? Les deux Cen-

____

(*) Page 177 de cette édition.

feurs que j'ai eus, n'ont certainement pas vu comme vous. Il étoit de leur intérêt, fans doute, de refufer leur approbation à un Ouvrage où l'on auroit voulu rendre le Chriftianifme odieux. L'un d'eux eft Docteur en Théologie, homme éclairé, homme zélé pour la faine Doctrine, & à la tête d'une grande Maifon. Ce n'eft pas moi feulement que je prétends juftifier d'une imputation fi noire ; ce font ces hommes eftimables qui ont été mes Cenfeurs, & aux lumieres defquels je me fuis foumis ; ce font eux que je défends, & que défendrai avec toute la confiance que m'infpire mon innocence, & la bonté de ma caufe qui devient la leur. *Si quelque chofe vous paroît évident, c'eft que j'ai voulu faire regarder le Chriftianifme comme une Religion odieufe.* Cette évidence eft donc pour vous feul ? Comment, ce qui eft évident pour vous, n'a-t-il pas même été foupçonné par mes Cenfeurs, par le Public ? Comment, mon Livre n'a-t-il pas excité un cri de révolte univerfel ? comment, l'Auteur n'eft-il pas regardé comme un homme abominable ? Oui, Monfieur, abominable, vous me fuppofez tel, lorfque vous m'accufez d'être fourbe & hypocrite au point d'avoir eu dans l'ame le projet de rendre odieufe une Religion dont je parle, dont je fais

D v

parler mon Héros avec un respect si tendre. Ce que j'ai voulu rendre odieux, c'est l'atrocité de l'erreur qui damne les Infideles de bonne foi qui ont suivi la Loi naturelle; ce que j'ai voulu rendre odieux, c'est l'atrocité des persécutions, les poignards aiguisés par le Fanatisme, les buchers allumés au nom d'un Dieu de Paix. Si c'est là votre Christianisme, ce n'est point celui de l'Evangile, & je déclare que ce n'est pas le mien.

En vérité, Monsieur, vous connoissez bien mal les intérêts de la Religion & ses véritables ennemis. J'ai publié beaucoup d'Ouvrages; j'y ai constamment respecté la Religion. Je me trouve conduit à traiter, en passant, quelques points de ce grand sujet; je mets sur la scene un Héros Chrétien & malheureux, qui trouve dans sa Religion une consolation puissante à ses maux; je lui fais exprimer la doctrine consolante de la bonté de Dieu, de sa volonté de sauver tous les hommes, des secours qu'il donne à tous, & sur-tout aux gens de bien, pour arriver au salut, de la possibilité qu'un Infidele vertueux soit sauvé par un effet de la bonté divine; je prêche l'indulgence aux Princes pour les erreurs des hommes; j'établis que la Religion ne doit pas être soutenue par le fer & le feu; que " le plus

,, infaillible moyen pour un Prince de la
,, rendre chere à fes Peuples, c'eſt de faire
,, juger de la ſainteté de ſa croyance par
,, la ſainteté de ſes mœurs, & de donner
,, ſon regne pour exemple & pour gage
,, de la vérité qui l'éclaire & qui le con-
,, duit; ,, je dis que, " ſi les Princes de-
,, mandoient à Dieu : *quelles armes em-*
,, *ployerons - nous pour vous faire adorer*
,, *comme vous devez l'être*, & que Dieu
,, daignât ſe faire entendre, il leur répon-
,, droit, *vos vertus;* ,, je dis tout cela du
Chriſtianiſme ; car dans la bouche de Béliſaire & de Juſtinien, la Religion n'eſt que
le Chriſtianiſme : ce terme n'étoit pas plus
équivoque à Conſtantinople qu'à Paris ; &
on dit que je veux rendre la Religion Chrétienne odieuſe ! & on m'accuſe de Déiſme
& d'incrédulité ! En vérité cela ne peut
ſe concevoir. Ce ſont ceux qui attaquent
la Religion dans mes principes, qui ſont
ſes ennemis. Les deux objections les plus
fortes des Incrédules, ſont préciſément les
contradictoires de ces principes que j'établis. Vous devez ſavoir que, ni l'Auteur
du Chriſtianiſme dévoilé & du Deſpotiſme
Oriental, ni celui de l'examen des Apo-
logiſtes de la Religion Chrétienne, ni Co-
lins, ni Tindal, ni tant d'autres qui l'attaquent ſi violemment, n'ont garde de ſou-

tenir que les Infideles vertueux puissent arriver au salut. La damnation éternelle des
hommes justes, dont l'erreur a été de bonne
foi, les violences, les cruautés, les horreurs que le Fanatisme a exercées au nom
de la Religion, voilà ce qu'ils lui attribuent.
Ils représentent au milieu des flammes de
l'Enfer, ces Titus, ces Trajans, ces Antonins, qui ont fait les délices du monde ; ils
représentent la vengeance céleste appliquée
à les tourmenter éternellement : alors la nature frémit, se révolte, & n'entend plus
rien. Voilà, Monsieur, comme on s'y prend
pour rendre le Christianisme odieux ; voilà
quels sont ses ennemis ; c'est à ceux-là qu'il
faut répondre, au-lieu de perdre un temps
précieux à incidenter sur un Ouvrage dont
le but général est bon & honnête, & où
l'on justifie la Religion loin de l'attaquer.
Il ne faut pas vous le dissimuler, Monsieur,
on vous dispute tout, la Mission, la Divinité du Fondateur de la Religion, ses mi-
racles, la bonté même de sa Morale ; on
vous reproche tout, des séditions, des ra-
vages, le monde entier dévasté, des flots
de sang répandus au nom d'un Dieu, les
Etats ébranlés sur leurs fondements ; vous
êtes attaqué jusques dans le Sanctuaire ;
& vous vous occupez à persécuter un homme qui défend de son mieux votre cause

& la sienne, & dont vous-même avez reconnu la droiture & la bonne foi !

Di meliora piis, erroremque hostibus illum.

Souvenez-vous que dans notre premiere
conférence, vous voyant obstiné à trouver dans mon Livre ce que je n'y avois
pas mis, je vous dis : " Avouez, Monsieur,
„ que c'est plutôt sur l'esprit de mon sie-
„ cle que sur le mien, que l'on me juge. „
Vous me répondîtes, *cela peut être.* Voilà
ce qui vous a trompé. Je vous représentai
que mon Livre n'étoit que mon Livre, &
que c'étoit d'après lui que vous deviez me
juger. Si vous aviez voulu m'en croire,
vous l'auriez lu, vous auriez trouvé que
tout y respire l'honnêteté ; que la candeur
en est le caractere ; & qu'il est difficile que
ce soit l'Ouvrage d'un fourbe, d'un hypocrite, d'un charlatan, *qui veut jetter de
la poudre aux yeux.* Mais votre zele animé
contre le Déisme, croit voir le Déisme
par-tout. Je vous pardonne, & je vous
plains d'avoir cru le voir dans mon Livre.

Vous finissez votre Lettre par me dé-
clarer qu'il n'y a aucune explication qui
soit capable d'effacer cette idée ; qu'il n'y
a ni addition ni explication qui puisse empêcher l'impression que fait ce quinzieme
Chapitre. Cela peut être à votre égard ;

& la raiſon n'efface pas un préjugé pris ſans raiſon. Mais j'eſpere trouver des eſprits moins prévenus & plus tranquilles. Si une pareille déciſion étoit celle de la Faculté entiere, je la reſpecterois ; mais votre opinion ſeule ne me fera pas renoncer au droit naturel de me défendre & de me juſtifier. Oui, Monſieur, je me juſtifierai, & d'une maniere ſatisfaiſante pour les hommes équitables. Vous dites que vous demanderez à la Faculté une cenſure raiſonnée, qui puiſſe ſervir de contre-poiſon aux maximes dangereuſes que j'établis dans mon Livre. Il falloit dire, je crois, que vous demanderez un examen de mon Livre, & une cenſure s'il y a lieu. De mon côté, je vais avoir l'honneur d'adreſſer à la Faculté, le Mémoire que j'ai fait pour ma juſtification, (*) & j'eſpere y trouver des Juges moins paſſionnés que vous.

J'ai l'honneur d'être très-parfaitement,

MONSIEUR,

Votre très-humble & très-obéiſſant Serviteur.

(*) Ce Mémoire a été dans les mains de Monſieur l'Abbé Legrand, l'un des Docteurs chargés de l'examen du Livre.

LETTRE

DE M. MARMONTEL,

A Mr. RIBALLIER, Syndic de la Faculté de Théologie & Censeur-Royal, au sujet du Libelle intitulé : Examen sur Bélisaire.

JE ne connois point, Monsieur, l'Ecrivain charitable qui vient de publier un Examen de Bélisaire. Il a eu la modestie de se cacher. Mais vous, dont le nom est en toutes lettres au bas de son Ouvrage, & qui déclarez n'y avoir *rien trouvé qui puisse en empêcher l'impression,* permettez-moi de vous demander si ce n'est *rien* que la calomnie, & si vous avez pu vous dissimuler que ce Libelle en est rempli?

Je passe sous silence la partie littéraire ; un intérêt plus sérieux que celui de la vanité m'occupe, & m'oblige à me plaindre à vous, & de l'Auteur & du Censeur de ce Libelle injurieux.

On sait qu'un des malheurs du regne de Justinien fut la persécution ; que cet Empereur se mêloit des querelles théologiques ; & que flottant dans sa croyance,

il n'en faifoit pas moins égorger fans pitié
tous ceux qui refufoient de penfer comme
lui. C'eft de quoi gémit Bélifaire ; & lorf-
qu'il dit : (*) " Il eft une autre *calamité* qui
„ m'afflige fenfiblement, „ il eft évident
qu'il ne parle que de la perfécution. Cependant le Critique, au mot *calamité*, met
un renvoi, (§) & au bas de la page, il
écrit : *La Religion.* Il m'accufe donc d'a-
voir fait dire à Bélifaire que la *Religion eft
une calamité qui l'afflige fenfiblement.* Mais
Bélifaire dit : (1) " Ce qui m'y attache,
„ (à la Religion) c'eft qu'elle me rend
„ meilleur & plus humain.... Heureu-
„ fement elle eft felon mon cœur. Aimer
„ Dieu, aimer fes femblables ; quoi de
„ plus jufte & de plus naturel ! Vouloir
„ du bien à qui nous fait du mal ; quoi
„ de plus grand , de plus fublime ! Ne
„ voir dans les afflictions que les épreu-
„ ves de la vertu; quoi de plus confolant
„ pour l'homme !„ Eft-ce donc là ce que
Bélifaire appelle une *calamité ?* Mon Critique l'a-t-il penfé? vous-même avez-vous
pu le croire ? S'il y a de l'équivoque,
j'ai tort; mais s'il eft de toute évidence

(*) Page 229 du Livre, édition de Paris;
page 168 de celle-ci.
(§) Page 23 du Libelle.
(1) Page 240 du Livre; page 177 de cette édit.

que la *calamité* dont gémit Bélisaire, n'eſt que la perſécution, (*) le Critique m'a calomnié, & vous avez ſigné une calomnie.

Il me fait dire ailleurs (§) que *la Révélation n'a pour objet que des vérités de ſpéculation, & qu'elle n'apprend rien de ce qui eſt néceſſaire pour ſe bien conduire.* Le paſſage que je viens de citer, eſt la preuve que j'ai reconnu dans la Révélation, la morale la plus ſublime. *Aimer Dieu, aimer ſes ſemblables, vouloir du bien à qui nous fait du mal, ne voir dans les afflictions que les épreuves de la vertu :* voilà des vérités révélées, qui ne ſont aſſurément pas des vérités de ſpéculation. J'ai dit, (†) que " les vérités myſtérieuſes, ou les Myſ-,, teres révélés ne tenoient point à la mo-,, rale ; ,, mais *les Myſteres révélés* ne ſont point la Révélation dans toute ſon étendue ; celle-ci contient des préceptes qui n'ont rien de myſtérieux ; & je n'ai pas dit de la Révélation en général ce que j'ai dit des Myſteres révélés. Cette extenſion de ma penſée eſt donc une calomnie, & vous le ſaviez bien, vous, Monſieur, qui m'avez fait, par écrit, le même reproche,

---

(*) Voyez la page 248 du Livre; page 182 de cette édition.

(§) Page 24 du Libelle.

(†) Page 243 du Livre; 179 de cette édition.

dans les mêmes termes, & à qui j'ai répondu ce que je réponds ici. (1)

Le Critique fait dire à Bélisaire : (*) *S'il falloit que la Religion me rendît farouche, dur, impitoyable,* (comme elle me rendroit en m'annonçant un Dieu vengeur) *je l'abandonnerois, & je dirois à Dieu : Dans l'alternative fatale d'être incrédule ou méchant,* (jusqu'à te croire un Dieu terrible) *je fais le choix qui t'offense le moins.*

Comment n'avez-vous pas vu, Monsieur, que dans cette citation, les deux parenthèses sont deux calomnies ? Lorsque, dans mon Livre, (§) Justinien dit à Bélisaire : " Ce Dieu (que vous voyez si „ bon) n'en est pas moins un Dieu terri„ ble ; „ Bélisaire lui répond : *Terrible aux méchants, je le crois.* Est-ce là cet homme à qui l'on fait dire, que *si la Religion lui annonçoit un Dieu terrible, il l'abandonneroit ?* " Ce n'est pas assez, dit l'Em„ pereur, (†) de se peindre Dieu bien„ faisant, il faut ajouter qu'il est juste. „ C'est la même chose, dit le Vieillard : *Se „ plaire au bien, haïr le mal ; récompenser „ l'un, punir l'autre, c'est être bon : je*

---

(1) *Voyez ci-dessus,* pages 5, 6, 8 & 9.
(*) Page 59 du Libelle.
(§) Page 244 du Livre ; 171 de cette édition.
(†) Page 235 du Livre ; 172 de cette édition.

„ m'en tiens là. „ Voilà donc le dogme des récompenses & des peines bien reconnu par Bélifaire, d'après l'idée même de la bonté de Dieu ; Bélifaire croit donc à un Dieu qui punit & qui récompenfe, parce qu'il eft jufte & bon. Lui faire dire qu'*il abandonneroit la Religion, fi elle annonçoit un Dieu vengeur*, c'eft donc bien une calomnie ; & vous, Monfieur, à qui cette partie de mon Livre eft fi familiere, vous le faviez tout comme moi.

Bélifaire dit dans mon Livre, (*) "Dieu „ m'a créé foible ; il fera indulgent. Il „ fait bien que je n'ai ni la folie, ni la „ malice de vouloir l'offenfer : c'eft une „ rage impuiffante & abfurde que je ne „ conçois même pas. Je lui fuis plus fidele „ encore, & plus dévoué mille fois que „ je ne le fus jamais à l'Empereur ; & l'Em- „ pereur qui n'eft qu'un homme, ne m'eût „ jamais fait aucun mal, s'il avoit pu lire „ comme lui dans mon cœur. „ Le Critique tronque ce paffage, n'en cite que la moïtié ; &, d'un fentiment vertueux, perfonnel au Héros qui parle, il fait une maxime générale, pour m'accufer d'avoir prétendu que Dieu ne doit jamais punir. (§)

(*) Page 233 & 234 du Livre ; 171 de cette édit.
(§) Page 24 du Libelle.

N'eſt-ce point là calomnier? J'en appelle au Cenſeur lui-même.

Béliſaire dit, en parlant de la Révélation & de la conſcience : § "C'eſt la même voix ,, qui ſe fait entendre du haut du Ciel & du ,, fond de mon ame ; & ſi, d'un côté, elle ,, me dit que *l'homme juſte & bienfaiſant eſt* ,, *cher à la Divinité*, de l'autre, elle ne me ,, dit point qu'il eſt l'objet de ſes vengean- ,, ces. ,, Il eſt bien clair qu'il ne s'agit là *que de l'homme juſte & bienfaiſant.* Voici comment le Critique a trouvé moyen de rendre ce paſſage abſurde & impie. *Si, d'un côté, ma raiſon me dit que l'homme juſte & bienfaiſant eſt cher à la Divinité, de l'autre, elle ne me dit point que* (le mé- chant) *eſt l'objet de ſes vengeances.* (*) Con- noiſſez-vous, Monſieur, rien de plus hardi que cette falſification ? le *méchant*, à la place de *l'homme bienfaiſant & juſte ?* eſt- ce comme fraude pieuſe, que vous avez approuvé une infidélité pareille ? Quel Li- vre, bon Dieu, ne rendroit-on pas ſcan- daleux & impie avec cette méthode-là ?

Je ne m'attache point à relever bien d'autres Critiques de mauvaiſe foi. Muti- lation, altération, tranſpoſition des paſſa_

___

(§) Page 238 du Livre ; 175 de cette édition.
(*) Page 60 du Libelle.

ges, pour en dénaturer le sens, on s'est tout permis sans scrupule, & vous avez tout approuvé. Non content de faire de moi un impie, on veut me faire passer pour un mauvais Citoyen, pour un Sujet séditieux. Non, Monsieur, je ne m'abaisse point à me justifier sur cet article-là : si mes principes sur les devoirs d'un Sujet & d'un Citoyen sont équivoques, je souscris aux accusations de mon Délateur ; mais s'il est vrai que, dans mon Livre, l'obéissance aux Loix, la fidélité au Souverain, le dévouement à la Patrie sont portés jusqu'à l'héroïsme ; s'il est vrai que dans aucun Ouvrage ces sentiments n'ont jamais été ni plus clairement, ni plus vivement exprimés ; m'accuser d'avoir voulu insinuer des maximes toutes contraires, c'est la plus infame de toutes les calomnies, & j'en veux bien prendre pour juge tout Lecteur raisonnable & non passionné. L'honnêteté & la vertu ont dans mon Livre un caractere que j'ose croire ineffaçable ; le Public l'y a reconnu ; & son indignation me vengera de cette infame délation.

Je conçois, Monsieur, comment un zele outré, quand il va jusqu'au fanatisme, peut faire employer ces honteux moyens, pour noircir & pour décrier un ennemi de la Religion ; mais je ne le suis point ; mais je ne veux point l'être : le Critique le fait, lui-même il le publie ; vous le favez encore mieux que lui. Vous m'êtes témoin que j'ai marqué, non pas *du repentir,* (car j'étois fans reproche) mais une bonne foi, une docilité que vous avez louée vous-même. Vous m'êtes témoin que j'ai pris pour juge de ma Doctrine, & pour guide de ma conduite, un Prélat dont je révere la piété, le zele & les vertus ; un Prélat, qui certainement n'eût pas approuvé comme vous ce Libelle calomnieux. Vous avez vu avec quelle confiance je me livrai à cet homme jufte ; vous l'avez entendu répondre de ma parfaite foumiffion à l'autorité de l'Eglife : il vous avoit chargé vous-même d'en inftruire la Faculté ; vous l'avez fait ; & vous fignez un Libelle, où l'on m'accufe de *braver l'Autel & le Trône !* Un Libelle, à la tête duquel fon ténébreux Auteur n'ofe mettre fon nom, vous l'approuvez ! Vous vous chargez de la honte attachée à cette calomnie ! En vérité, Monfieur, plus j'y penfe, plus je fuis tenté de croire que cet Ecrit eft de la même main que la Lettre où l'on m'accufoit d'avoir prêché le Déifme, & de n'avoir *parlé de la Révélation & des Myfteres de la Foi, que pour jetter de la poudre aux yeux ;* de cette Lettre, où l'on m'o-

foit dire, que s'il y avoit *quelque chofe d'é-*
vident , c'étoit l'intention que j'avois eue
de rendre la Religion Chrétienne odieufe. Je
ne tirai d'autre vengeance de cette infulte
fi violente, que de vous faire fubir la peine
d'en entendre la réponfe devant un homme refpectable, qui avoit droit de nous
juger. Vous l'entendîtes cette réponfe, affez
vive, s'il vous en fouvient; vous l'entendîtes fans repliquer un mot; & votre filence
me parut être l'effet de la confufion. Mais
il cachoit un fentiment qui a couvé au fond
de votre ame. Il éclate à la fin ce fentiment
profond; & que vous foyez l'Auteur du Libelle, ou que vous n'en foyez que l'Ap-
probateur & le garant, je vois que vous
n'êtes pas homme à pardonner l'humilia-
tion d'avoir été confondu. Pour moi, Monfieur, je vous promets d'oublier toutes vos
injures; mais je ne fais fi la Faculté vous
pardonnera, d'avoir pris fur vous de juger
& de prononcer avant elle. Quand il s'a-
git de charger un homme des plus graves
imputations, c'eft bien affez de donner fa
voix, fans s'ériger à foi-même un Tribunal
particulier. Plus l'autorité de votre place
vous donne d'influence fur les opinions,
plus vous deviez pefer la vôtre, & moins
vous êtes excufable de l'avoir hazardée
avec fi peu de ménagement. On croira que

l'Auteur du Libelle & vous, vous avez voulu prévenir, animer, corrompre mes Juges; & quoi qu'il en soit, il sera vrai du moins que vous avez mis peu de prudence & de délicatesse dans votre procédé. Je suis, &c.

P. S. Depuis que cette Lettre vous a été communiquée, & que j'ai pris la liberté de vous dire en face mon avis sur vos procédés, il paroît, Monsieur, un nouveau Libelle, par supplément au premier. Pour celui-ci, vous n'avez pas eu le courage de le signer ; mais il est fait d'après la Lettre dont vous seul aviez pris lecture. J'apprends que l'Auteur est un Régent du College dont vous êtes Principal ; & ce qu'on appelle votre *ame damnée :* cela m'explique l'étonnante conformité que je trouvois entre sa façon de voir & la vôtre. Ce Régent, qui me regarde comme un de ses Ecoliers, & qui a pris la peine de m'expliquer l'Art Poétique d'Horace, veut me châtier d'avoir osé me plaindre de ses falsifications. *Par ménagement,* dit-il, *on n'avoit pas voulu relever, dans Bélisaire, deux endroits très-répréhensibles, au sujet du Gouvernement ; mais puisque je crie à la calomnie, on se croit obligé de faire connoître au Public ces deux endroits, afin qu'il juge de la modération dont on avoit usé.*

Voici ces deux endroits que le Public ne

ne connoiſſoit pas, & que ſon Régent &
le mien croit devoir lui *faire connoître.*

Béliſaire tient ce diſcours au Chef des
Bulgares : (*) " Vous qui m'invitez à pu-
,, nir mon Souverain d'avoir été injuſte,
,, donneriez-vous à vos Soldats le droit
,, que vous m'attribuez ? Le leur don-
,, ner, dit le Bulgare ! Ils l'ont, ſans que
,, je le leur donne ; mais c'eſt la crainte
,, qui les retient. Et nous, dit Béliſaire,
,, c'eſt la vertu ; & tel eſt l'avantage des
,, mœurs d'un Peuple civiliſé, ſur les
,, mœurs d'un Peuple qui ne l'eſt pas.

Il eſt certain que le Public n'avoit vu,
comme moi, dans cette réponſe, que le
langage d'un Sujet fidele. Il ne ſoupçonnoit pas qu'un Guerrier, qui pendant vingt
ans a ſervi ſon Prince avec un zele & un
dévouement ſans exemple, à qui ce Prince
ingrat a fait crever les yeux, & qui, réduit
à la mendicité, refuſe un Trône, qu'on lui
promet, s'il veut aider à renverſer celui
d'un Maître ſi injuſte ; le Public, dis-je,
ne ſoupçonnoit pas que ce modele de fidélité & de patience enſeignât la révolte &
l'infidélité ; c'eſt ce qu'a découvert l'Auteur de ce Libelle.

(*) Page 30 du Livre ; 22 de cette édition.

E

„ Le Bulgare, dit-il, avance deux cho-
„ ſes ; la premiere, que les Soldats ont ce
„ droit (de punir leur Souverain d'avoir
„ été injuſte ;) la ſeconde, que c'eſt la
„ crainte qui les retient. Béliſaire, ajoute-
„ t-il, ne refute que la premiere partie ; il
„ ſemble *par-là* reconnoître que *les Peu-*
„ *ples civiliſés ont ce droit* comme les Peu-
„ ples barbares. Il ſe contente de dire
„ que les Peuples civiliſés ſont retenus
„ par la vertu.

Ne croiroit-on pas, à l'entendre, que
j'ai laiſſé indécis dans les principes de Béliſaire le reſpect dû aux Souverains? On
va voir la mauvaiſe foi & la noirceur de
cette accuſation. Trois pages plus haut,
dans le même entretien, Béliſaire dit au
Bulgare, qui lui propoſe de le venger &
de partager avec lui l'Empire : " Il y a
„ long-temps, Seigneur, que Béliſaire a
„ refuſé des Couronnes : Carthage & l'I-
„ talie m'en ont offert ; j'étois dans l'âge
„ de l'ambition ; je me voyois déja perſé-
„ cuté ; je n'en reſtai pas moins fidele à
„ mon Prince & à ma Patrie. *Le même*
„ *devoir qui me lioit, ſubſiſte, & rien*
„ *n'a pu m'en dégager.* „ Plus bas, il dit
au Bulgare : " Ma vie eſt en vos mains ;
„ mais *rien ne peut me détacher de mon*
„ *Souverain légitime ;* & ſi, dans l'état où

,, je suis, je pouvois lui être utile, fût-ce
,, contre vous-même, il feroit auſſi ſûr de
,, moi que dans le temps de mes proſpé-
,, rités. ,, Voilà l'homme que l'on accuſe
de faire entendre que les Peuples ont le
droit de punir leur Souverain s'il eſt injuſte. Il faut être bien intrépide pour avan-
cer des calomnies ſi faciles à réfuter.

Le droit de ſe venger ſoi-même eſt encore plus fortement combattu & détruit
dans le Chapitre ſuivant. " Et de quel
,, droit me vengerois-tu ? (dit Béliſaire,
en parlant à un jeune Fanatique.) " Eſt-ce
,, moi qui te l'ai donné ce droit que je
,, n'ai pas moi-même ? Veux-tu l'uſurper
,, ſur les Loix ?... Ah ! bon jeune hom-
,, me, veux-tu rendre odieux le ſentiment
,, que j'ai pu t'inſpirer ? Feras-tu déteſter
,, cette pitié ſi tendre ? Au nom de la
,, vertu que tu chéris, je te conjure de
,, ne pas la déshonorer. Qu'il ne ſoit pas
,, dit que ſon zele ait armé & conduit la
,, main d'un furieux. J'obéis à ma deſti-
,, née : fais comme moi ; ne crois pas mieux
,, ſavoir que Béliſaire ce qui eſt honnête
,, & légitime ; & ſi tu te ſens le courage
,, de braver la mort, *garde cette vertu pour*
,, *ſervir au beſoin ton Prince & ton Pays...*
,, Mes ennemis ſont les Scythes, les Huns,
,, les Bulgares, les Eſclavons, les Perſes,

,, *tous les Ennemis de l'Etat.* Page 41, &
,, ſuivantes. (*)

J'ai mis cent fois les mêmes ſentiments
dans la bouche de Béliſaire, & il n'y a,
j'oſe le dire, qu'un méchant bien mal-
adroit qui ait pu, pour me calomnier,
m'attaquer de ce côté-là.

Voyons ſi le Critique a été plus heureux dans le choix du ſecond paſſage. Béliſaire, en parlant du ſeul moyen qu'avoient
les Empereurs de garder d'immenſes con-
quêtes, & de s'attacher les Peuples vain-
cus en les rendant heureux, dit à Juſtinien : (§) "Croyez que les hommes ſavent
,, ce qui leur manque, & ce qu'il leur eſt
,, dû ; qu'ils ne ſeroient pas inſenſibles
,, aux ſoins qu'un Prince bienfaiſant pren-
,, droit de ſoulager leurs peines ; & que
,, l'amour qu'il leur témoigneroit, ſeroit
,, payé par leur amour. Qu'il eſſaie d'être
,, envers eux, juſte, ſenſible, ſecourable ;
,, qu'il n'emploie à régner ſous lui que des
,, hommes dignes de le ſeconder ; qu'il
,, veille en pere ſur ſes enfants ; je lui ré-
,, ponds qu'ils feront dociles. Et par quel
,, preſtige voulez-vous que quelques mé-
,, contents, quelques ſéditieux faſſent d'un

_____

(*) Page 30 de cette édition.
(§) Page 226 du Livre ; 165 de cette édit.

,, Peuple fortuné, un Peuple parjure & ré-
,, belle ? C’eſt à un Prince, qui laiſſe gé-
,, mir ſes Sujets dans l’oppreſſion, à crain-
,, dre qu’ils ne l’abandonnent : mais celui
,, qu’on ſait occupé du repos & du bon-
,, heur des ſiens, n’a point d’uſurpateur
,, à craindre. Eſt-ce en entendant célé-
,, brer ſes vertus, publier ſes bienfaits,
,, qu’on oſera troubler ſon regne ? eſt-ce
,, dans les campagnes, où régneront l’ai-
,, ſance, le calme & la liberté ; dans les
,, Villes, où l’induſtrie & la fortune des
,, Citoyens, leur état, leurs droits, & leur
,, vie ſeront ſous la garde des Loix ; dans
,, les familles, où l’innocence, l’honneur,
,, la paix, la ſainteté des nœuds de l’hy-
,, men & de la nature auront un aſyle ſa-
,, cré ; eſt-ce-là, dis-je, que les rébelles
,, iront chercher des Partiſans ? Non, ſi
,, l’empire de la juſtice n’eſt pas inébran-
,, lable, rien ne l’eſt ſur la terre. Je ſuppoſe
,, avec vous, cependant, qu’il y ait du riſ-
,, que & de l’audace à rendre ſes Sujets
,, puiſſants, pour les rendre heureux &
,, tranquilles ; c’eſt cette audace que j’au-
,, rois, dût-elle entraîner ma ruine ; & je
,, leur dirois hautement : (*) “ *Je vous*
,, *mets à tous les armes à la main, pour*

(*) *Nota.* On marque ici en Italique ce que
l’Auteur du Libelle a cité.

,, *me servir si je suis juste, & pour me ré-*
,, *sister si je ne le suis pas. Vous me trou-*
,, *verez bien téméraire ; mais je me croirois*
,, *bien prudent de m'assurer ainsi à moi-mê-*
,, *me & aux miens, un frein contre nos*
,, *passions, & sur-tout une digue contre*
,, *celles des autres. Avec ma Couronne, &*
,, *au-dessus d'elle, je transmettrois à mes*
,, *Successeurs la nécessité d'être justes ;* & ce
,, feroit pour ma mémoire le monument
,, le plus glorieux qu'un Monarque ait ja-
,, mais laissé. *Je sais que la vertu n'a pas*
,, *besoin du frein de la crainte ; mais quel*
,, *est l'homme sûr d'être vertueux à tous les*
,, *instants de sa vie ?* Un Prince est au-
,, dessus des Loix : vos Loix le disent, (*)
,, & cela doit être ; mais ce feroit la pre-
,, miere chose que j'oublierois en mon-
,, tant sur le Trône ; & malheur au flat-
,, teur infâme qui m'en feroit souvenir.

Ces dernieres paroles, que le Critique
s'est bien gardé de citer, prouvent évidemment que le langage que je fais tenir
à Bélisaire, ne porte aucune atteinte à l'in-
dépendance d'un Souverain, & qu'il n'ex-
prime que le désistement du droit de se
faire obéir, lors même qu'il seroit injuste.

(*) *Princeps Legibus solutus est.* Pand. L. 1.
Tit. 3.

Ce défistement généreux est pris par le Critique, pour un prétexte que je donne à la révolte, & pour l'effet d'un enthousiasme qui veut renchérir, dit-il, sur celui des *Aretins :* mais il devroit savoir que le langage qu'il condamne dans la bouche de Bélisaire, est presque, à la lettre, celui que Trajan tint lui-même au Chef de la Milice Prétorienne, en lui remettant le javelot qui étoit la marque de sa dignité. *Pour vous en servir,* lui dit-il, *contre moi, si j'abuse de mon pouvoir.* Etoit-ce l'esprit de révolte que Trajan vouloit exciter ? croyoit-il par-là déroger à sa grandeur, à sa puissance, à son autorité suprême ? Trajan savoit un peu mieux qu'un Régent de College, ce qui étoit digne de la Majesté Impériale ; & il ne craignit pas de la compromettre en parlant ainsi à l'un de ses Sujets. Que ce Régent étudie l'Histoire, qu'il se garde bien d'enseigner la Logique, & qu'il se dispense sur-tout d'apprendre à ses Ecoliers à falsifier au besoin les pieces d'un procès injuste : cela seroit d'une conséquence dangereuse dans le monde, où le simple mensonge est une lâcheté.

Je l'ai assez bien convaincu, ce me semble, d'avoir falsifié les passages de mon Livre ; vous l'en avez averti, Monsieur, & voici comment il s'en est corrigé. On vient de voir qu'au mot *calamité*, il avoit mis pour note, *la Religion*. Vous lui avez dit que dans ma Lettre, je démontrois que cette Note étoit une calomnie, & que la calamité dont gémissoit Bélisaire, n'étoit que la persécution. Il a donc changé cette Note dans le Supplément, & il a dit : " A la Note de la page 23, „ *lisez*, *la Religion des Chrétiens*, que Bé- „ saire annonce comme une calamité af- „ fligeante, parce qu'elle est intoléran- „ te : „ mais c'est encore une calomnie, & plus formelle que la premiere. La Religion Chrétienne est intolérante d'une intolérance théologique, c'est-à-dire, qu'elle exclut de son sein & de la participation de ses Mysteres ceux qui refusent de croire ce qu'elle enseigne : mais, en aucun endroit de mon Livre, Bélisaire ne condamne cette espece d'intolérance. L'intolérance contre laquelle il s'éleve, est l'intolérance civile, celle qui emploie le fer & le feu à contraindre les esprits ; & partout Bélisaire soutient que ce n'est pas ainsi que sa Religion, *la Religion Chrétienne*, est intolérante. Il est donc bien faux que la calamité dont il parle, soit *la Religion des Chrétiens*. C'est *le Fanatisme persécuteur* qu'il appelle une calamité ; & c'étoit ainsi qu'il falloit corriger la Note du Libelle.

On a vu qu'en citant ce paſſage de mon Livre : " C'eſt la même voix qui ſe fait en-
„ tendre du haut du Ciel & du fond de mon
„ ame, &c. „ le Critique avoit mis *le mé-chant* à la place de *l'homme bienfaiſant & juſte.* Je donne à deviner comment il eſſaie de pallier cette falſification. Il dit que je parle des Héros Païens, & que tous ces gens-là, ſavoir, les Titus, les Trajans, les Antonins, les Ariſtides, les Catons, ſont des *méchants aux yeux de la Religion, & même au Tribunal d'une raiſon ſaine & éclai-rée.* A la bonne heure ; mais encore falloit-il citer fidélement le texte de mon Livre, ne pas mettre le *méchant* à la place de *l'homme bienfaiſant & juſte,* & ſe contenter d'ob-ſerver que ceux que j'appellois ainſi, com-me les Catons, les Titus, les Trajans, les Antonins, les Ariſtides, étoient des mé-chants, & que l'Univers, qui depuis tant de ſiecles vante & honore leurs vertus, ne jouit pas d'une raiſon ſaine.

Le Critique ne croit pas en avoir aſſez dit pour me convaincre d'être un mauvais Citoyen, il tâche de prouver encore, que j'ai nié l'éternité des peines, & que je ne veux pas que les méchants ſoient l'objet éternel des vengeances divines. *Ce ſenti-ment,* dit-il, *contre lequel les Magiſtrats doi-vent s'élever, eſt cependant l'opinion que Bé-*

E v

lisaire s'efforce d'accréditer. Voici comment cet honnête homme fonde cette délation.

„ Bélisaire veut se représenter seule-
„ ment *comme bon* le Dieu qu'il doit ado-
„ rer. Il s'en tient là.

Lisez le passage du Livre. (*) " Ce n'est
„ pas assez, dit Justinien, de se peindre
„ Dieu bienfaisant, il faut ajouter qu'il est
„ juste. C'est la même chose, dit le Vieil-
„ lard : *se plaire au bien, haïr le mal; ré-*
„ *compenser l'un, punir l'autre, c'est être*
„ *bon :* je m'en tiens là. „ Est-ce là cette
bonté qui exclut, selon le Critique, la punition des méchants? Et quand Bélisaire
dit : (§) " Chaque homme répond de son
„ ame, c'est donc à lui, & à lui seul, à se
„ décider sur un choix, *d'où dépend à ja-*
„ *mais sa perte ou son salut,* „ mécon-
noît-il l'éternité des peines? Ne doit-on
pas mourir de honte lorsque, sur les accusations les plus graves, on est si évidemment
convaincu de mensonge & de fausseté?

„ Bélisaire, ajoute le Critique, ne veut
„ voir en Dieu que ce qu'il doit imiter;
„ & comme il ne doit pas imiter la ven-
„ geance divine, il ne veut pas la voir en
„ Dieu: ce seroit, selon lui, faire violent &
„ colere comme les hommes, le Dieu bon.

(*) Page 235 du Livre; 172 de cette édition.
(§) Page 246 du Livre; 181 de cette édition.

Affurément, *le Dieu bon* n'eft ni violent ni colere. Il eft inaltérable, mais il eft jufte; & Bélifaire reconnoît qu'*il eft terrible aux méchants.* Il ne veut voir en lui que ce qu'il doit imiter; mais il voit en lui le droit de punir & de fe venger, droit que l'homme n'a pas de même. Or, être jufte, c'eft ufer du droit que l'on a, fans ufurper le droit que l'on n'a pas. Si donc l'homme s'arroge le droit de la vengeance que Dieu s'eft réfervée, il eft injufte, & il n'imite point celui qui eft la juftice même. Voilà le fens de ces paroles, que le Critique, avec un fophifme, auroit voulu empoifonner.

„ Une Religion qui m'annonce (dit Bé-
„ lifaire) un Dieu propice & bienfaifant,
„ eft la bonne ; & tout ce qui répugne à
„ l'idée & au fentiment que j'en ai con-
„ çu, n'eft pas de cette Religion.

„ Or, dit le Critique, l'éternité des
„ peines, les feux de l'Enfer répugnent
„ au fentiment qu'il a conçu d'un Dieu,
„ qui ne puniroit qu'autant qu'il ne pour-
„ roit pardonner, de qui le mal ne vient
„ point, qui a fait au monde tout le bien
„ qu'il a pu, & que l'homme doit fe pein-
„ dre fous les traits les plus doux : auffi
„ fe contente-t-il de dire que les méchants
„ ne feront point là, dans la Cour célef-

„ te.... Il ne dit point qu'ils feront pu-
„ nis,... donc Bélifaire n'admet point l'é-
„ ternité des peines.

Bélifaire dit que les méchants ne feront point dans le Ciel; donc il nie qu'ils
foient en Enfer; donc il n'admet point les
peines éternelles. Bélifaire dit que Dieu
eft bon; donc il nie que Dieu foit jufte.
Bélifaire dit que le mal ne vient point de
Dieu; donc il n'admet point la peine du
péché qui vient de l'homme & du péché
même. Bélifaire croit qu'un Dieu infiniment bon, ne punit qu'autant qu'il ne
peut pardonner; donc il ne punira point
les méchants que fa juftice condamne.
Voilà comment a raifonné ce Critique ju-
dicieux. Je me laffe de relever des abfur-
dités. Ce Libelle en eft un tiffu; par-tout
on y voit l'étourdiffement d'un homme
acharné à me nuire. Et il ofe encore fe
couvrir du manteau d'un zele pieux! Qu'il
apprenne que le vrai zele ordonne de combattre l'erreur où elle eft; mais qu'il défend de la fuppofer, de l'inférer où elle
n'eft pas; que fon vrai caractere eft d'être
charitable, & qu'il y a peu de charité à
gliffer du poifon dans mon Livre, pour fe
donner le plaifir de me dénoncer comme
empoifonneur.

LETTRE

De Mr. de V. à Mr. MARMONTEL,

7 Augufte 1767.

MON CHER CONFRERE,

Vous favez fans doute que ce malheureux C** a fait une feconde Edition de
fon Libelle contre vous, & qu'il y a mis
une nouvelle dofe de poifon. Ne croyez
pas que ce foit la rage du Fanatifme qui
arme ce coquin là, ce n'eft que la rage
de nuire, & la folle efpérance de fe faire
une réputation en attaquant ceux qui en
ont. La démence de ce malheureux a été
portée au point qu'il a ofé compromettre
le nom du Roi dans une de fes Notes,
page 96. Il dit dans cette Note, *que vous
répandez le Déifme, que vous habillez Bélifaire des haillons des Déiftes ; que les jeu-
nes empoifonneurs & blafphémateurs de Pi-
cardie, condamnés au feu l'année derniere,
ont avoué que c'étaient de pareilles lectures
qui les avaient portés aux horreurs dont ils
étaient coupables ; que le jour que MM. le*

Président Hainaut, Caperonier & Le Beau eurent l'honneur de préfenter au Roi les deux derniers Volumes de l'Académie des Belles-Lettres, S. M. témoigna la plus grande indignation contre Mr. de V., &c.

Vous faurez, mon cher Confrere, que j'ai les Lettres de Mr. le Préfident Hainaut & de Mr. Caperonier, qui donnent un démenti formel à ce maraut. Il a ofé proftituer le nom du Roi pour calomnier les Membres d'une Académie qui eft fous la protection immédiate de S. M.

De quelque crédit que le Fanatifme fe vante aujourd'hui, je doute qu'il puiffe fe foutenir contre la vérité qui l'écrafe, & contre l'opprobre dont il fe couvre lui-même.

Vous favez que C**, Secretaire de Riballier, vous prodigue dans fa nouvelle Edition le titre de *Séditieux ;* mais vous devez favoir auffi que votre *féditieux Bélifaire* vient d'être traduit en Ruffe, fous les yeux de l'Impératrice de Ruffie. C'eft elle-même qui me fait l'honneur de me le mander. Il eft traduit auffi en Anglais & en Suédois. Cela eft trifte pour Maître Riballier.

On s'eft trop réjoui de la deftruction des Jéfuites. Je favois bien que les Janféniftes prendraient la place vacante. On nous a délivrés des Renards, & on nous a livrés aux Loups. Si j'étais à Paris, mon avis serait que l'Académie demandât justice au Roi ; elle mettrait à ses pieds d'un côté les éloges donnés à votre *Bélisaire* par l'Europe entiere, & de l'autre les impostures de deux Cuistres de College. Je voudrais qu'un Corps soutînt ses Membres, quand ses Membres lui font honneur.

Je n'ai que le temps de vous dire combien je vous estime & je vous aime.

NOTE DE L'ÉDITEUR.

On écrit de Vienne, que Leurs Majestés Impériales ayant lu *Bélisaire*, & l'ayant honoré de leur approbation, ce Livre s'imprime actuellement dans cette Capitale, quoiqu'on y sache très-bien ce qui se passe à Paris.

EXPOSÉ

Des Motifs qui m'empêchent de souscrire à l'Intolérance civile.

J'Ai dit que tout ce qui intéresse l'ordre public est du ressort du Prince. C'est reconnoître en lui le droit de réprimer & de forcer au silence toute opinion qui attaque les Loix, les Mœurs, la Constitution politique. Mais il s'agit ici d'une Doctrine purement Théologique, & de savoir si le Prince, qui n'en est pas le juge, en doit être le défenseur.

1°. L'Intolérance civile n'est point un dogme de la Foi. Le passage de saint Paul, (1) qu'on m'oppose, ne peut regarder la croyance, ni les objets spirituels. Saint Paul n'a pu dire aux Chrétiens d'être soumis, dans leur croyance, à des Princes qui n'étoient pas Chrétiens. Il n'a pu leur dire qu'*en faisant le bien* spirituel, (c'est-à-dire, en professant une Religion destructive de celle du Prince) *ils seroient*

____

(1) Aux Romains, Ch. 13, ℣. 1. *Omnis anima potestatibus sublimioribus subdita sit.*

louables aux yeux du Prince. (2) Cela ne peut donc s'entendre que du bien temporel; & il en est de même du mal dont parle l'Apôtre dans ce Chapitre: *Ne soyez point adultere, homicide, voleur, faux témoin,* (3) &c. Tout cela tient au temporel, & intéresse l'ordre public. Voilà les maux qui, selon St. Paul, sont du ressort du Prince, & dont *il est le vengeur.* (4) Vouloir appliquer ce passage à l'Intolérance, c'est donc en détourner le sens.

2°. Plusieurs des Peres de l'Eglise se font déclarés contre l'Intolérance civile. St. Augustin avoit changé d'avis depuis sa dispute avec les Donatistes; mais auparavant il prêchoit l'indulgence envers les Manichéens, & ne vouloit pas qu'on sévit contre eux. (5) S. Hilaire, S. Athanase, S. Justin Martyr, Tertulien, Lactance, ont pensé de même. Saint Martin de Tours refusa de

---

(2) *Bonum fac & habebis laudem ab illâ (potestate.)* V. 3.

(3) *Non adulterabis, non occides, non furaberis, non falsum testimonium dices.* V. 9.

(4) *Vindex in iram ei qui malum agit.* V. 4.

(5) *Illi sæviant in vos qui nesciunt quo labore verum inveniatur, & quàm difficilè caveantur errores; illi in vos sæviant qui nesciunt quantâ difficultate sanetur oculus interioris hominis, ut possit intueri solem suum.... Ego autem sævire in vos omninò non possum.*

communier avec les Evêques qui excitoient la perfécution contre les Hérétiques d'Efpagne, & pour cette feule raifon.

3°. L'Intolérance civile eft contraire à l'efprit du Chriftianifme, qui ne refpire que la douceur, la patience, la charité. Si, d'un côté, la Religion ne donne à fes Miniftres que des armes fpirituelles, & que, de l'autre, elle exige des Princes d'employer pour elle la rigueur des Loix pénales ; elle fe dément, elle avoue que fi elle avoit la force en main, elle en uferoit elle-même. En vain fe glorifieroit-elle d'interdire à fes Miniftres fpirituels les moyens qu'elle prefcriroit aux Puiffances temporelles ; ce feroit dire : Je ne veux pas verfer le fang, mais je veux bien qu'on le verfe. Pour être d'accord avec elle-même, elle ne doit exiger des Princes que ce qu'elle feroit à leur place, fi elle étoit armée de la force. Je demande, *que feroit-elle ?* La réponfe décidera de fon véritable efprit.

4°. L'Intolérance civile eft contraire aux intérêts de la véritable Religion. Dans un Etat où la Puiffance temporelle fe trouve du parti de la vérité, on peut être féduit par cet avantage du lieu, du temps, des circonftances. Mais on n'a qu'à fe déplacer ; à deux pas tout change de face ; &

l’avantage eſt pour l’erreur. Or, en écri-
vant, il faut ſe dire que l’on écrit pour
tous les temps, pour tous les lieux, pour
tous les hommes, & qu’on travaille, autant qu’il eſt en ſoi, à établir dans les eſprits une opinion générale & conſtante.
Cela poſé, quelle eſt l’opinion qu’on peut
eſpérer d’établir ſur la Tolérance ou l’Intolérance ? Dire qu’il n’appartient qu’aux
Princes Catholiques d’être intolérants dans
leurs Etats, parce qu’ils ont ſeuls pour
garant une autorité infaillible, c’eſt vouloir n’être écouté que des Princes Catholiques. Un Prince, bien perſuadé par l’é-
ducation, l’exemple, l’habitude, le témoignage & l’enſeignement, ſuppoſe un
poids déterminant aux motifs qui le per-
ſuadent. S’il ne croit pas infaillible l’autorité à laquelle il défere, à plus forte raiſon ne croira-t-il pas infaillible l’autorité
qui la dément. Un Monarque Indien, Mu-
ſulman, Chinois, peut être attaché à ſa
croyance autant qu’un Prince Chrétien,
& un Hérétique autant qu’un Catholique.
Celui-ci aura, ſi l’on veut, peſé les motifs de crédibilité ; un autre croira ſans
examen ; mais il ſera perſuadé. Or, ce
n’eſt pas la vérité, c’eſt la perſuaſion qui
décide du droit que chacun croit avoir.
Attribuer aux Princes Catholiques le droit

de la force coactive en fait de croyance, c'eſt donc induire tous les autres à ſe l'attribuer de même ; c'eſt mettre par-tout indiſtinctement le glaive dans les mains de la vérité & de l'erreur, & ouvrir les voies de la violence à l'opinion dominante.

Il s'agit donc d'examiner laquelle de ces deux hypotheſes eſt la plus favorable à la vérité : ou " *que tous les Princes pré-* „ *tendent avoir le droit de réprimer, de* „ *pourſuivre, d'exterminer toute Doctrine* „ *nouvelle & étrangere dans leurs Etats ;* „ ou que " *laiſſant les opinions s'élever &* „ *ſe combattre, ils livrent l'erreur & la vé-* „ *rité à leurs propres forces.*

Chacun, ſelon ſa façon de voir, peut préférer l'une ou l'autre hypotheſe. Pour moi, je penſe qu'il eſt plus glorieux & plus avantageux pour la vérité de demander qu'on laiſſe le champ libre à l'opinion & à la croyance.

Un des caracteres les plus ſenſibles de la véritable Religion, eſt de s'être établie, étendue, élevée ſur les ruines de l'erreur, ſans le ſecours de la force. Voilà ſon triomphe. Dès que les Empereurs ont tiré le glaive pour ſa défenſe, ils lui ont dérobé une partie de ſa gloire ; les Incrédules ont pu méconnoître dès-lors la main de Dieu qui la ſoutenoit, & ne voir dans ſa propagation que la politique des hommes. Pour la rendre odieuse, ils lui ont reproché tout le sang qu'elle avoit fait répandre, tous les brigandages, toutes les cruautés, tous les excès commis en son nom ; & lorsqu'on leur a répondu comme St. Augustin, (1) *ou ce qu'on a fait, on l'a fait justement ; ou c'est la paille, dont nous sommes le froment pur, qui a fait ce qu'il y a d'injuste ;* ils ont repliqué, que *cette paille* s'allumoit, & qu'elle allumoit des Buchers ; qu'en lâchant la bride au faux zele, on répondoit de ses emportements ; & que, si on ne l'approuvoit pas, on n'avoit qu'à le retenir. *Si l'on usoit de violence pour la défense de la Foi,* (dit St. Hilaire) *les Evêques s'y opposeroient.* Mais dans quel temps les a-t-on vus aller arrêter le glaive dans les mains des persécuteurs? On convient que quelques Docteurs, quelques Prélats, & le Clergé de France même, dans ses Assemblées, ont *désapprouvé les voies de rigueurs,* & déclaré *qu'ils ne prétendoient point guérir les maladies de l'ame par la contrainte & la violence ;* mais on n'a pas oublié qu'à Rome, on célébra la St. Barthelemi ; on n'a pas oublié qu'à Paris, la Sorbonne, du temps

______

(1) *Aut justo factum, aut palea nostra fecit.*

d'Erafine, regardoit comme une héréfie de croire qu'il ne falloit pas brûler les hérétiques. Ainfi la vérité, en prenant les armes de l'erreur, fe voit confondue avec elle, & perd fon avantage en donnant à la force le droit de décider leur fort.

Qu'on fe rappelle ces combats en champ clos, qui, chez nos Peres, encore barbares, tenoient lieu de jugement. Il eft évident que tout le rifque étoit du côté de la bonne caufe. Il en eft de même de l'Intolérance. C'eft à l'erreur à s'en applaudir, car elle a befoin de la force; au-lieu que la vérité n'a befoin que d'elle-même, & du temps.

La Religion, feule & fans appui, a réfifté dès fa naiffance, & dans fon état de foibleffe, aux plus violentes perfécutions; elle a vaincu les plus grands obftacles; &, par fes forces furnaturelles, elle s'eft élevée & répandue dans prefque tout l'Univers. Si donc, pendant plus de 300 ans, elle s'eft paffée du fecours de la puiffance des Princes, n'eft-ce pas vouloir paroître fe défier de fes avantages, que de demander pour elle, aujourd'hui qu'elle eft établie & régnante, les fecours qu'elle a dédaignés dans fes temps les plus malheureux?

Enfin l'Intolérance civile eft un fléau pour l'humanité : 1°. En ce que l'erreur

s'attribue le droit d'être intolérante auffi-
bien que la vérité : c'eft à qui le fera le
plus ; & de tous côtés l'on s'égorge. 2°. En
ce que la vérité même n'eft jamais fûre
de la prudence, de l'équité, de la douceur de fes Miniftres ; que le Fanatifme
s'en mêle, que le zele irrité devient furieux
& impitoyable, & que la Religion de
l'Agneau fe trouve avoir des tigres pour
vengeurs.

Toute autorité légitime procede d'après
des loix, dont l'objet eft déterminé, dont
les regles font fixes, dont la marche eft certaine. L'objet de l'Intolérance eft vague ;
& les rigueurs qu'elle doit exercer font à
la difcrétion des hommes. C'eft une jurif-
prudence criminelle fans code, fans forme
de procédure, dont les délits & les peines n'ont aucun rapport décidé, & dont le
plus fouvent les bourreaux font les juges.

Le Prince eft jufte & modéré ; fon Mi-
niftre lui-même eft fage ; mais les Exécu-
teurs de fa volonté feront avides & féro-
ces. C'eft la caufe de Dieu qu'ils vengent ;
l'humanité n'eft plus rien pour eux. De là
tous les forfaits commis au nom de la Religion ; de là ces fcenes de meurtre & d'horreur, dont tant de fois a frémi la nature.
C'eft ce qui fait trembler tout homme né
fenfible, en jettant les yeux fur l'hiftoire

des temps. C'est ce qui me fait refuser mon aveu à l'Intolérance civile. En y souscrivant, je croirois tremper ma plume dans le sang. Ma voix n'est rien, je le sais ; mais ma conscience est quelque chose : elle me défend d'approuver un système que je crois injurieux pour la Religion, & funeste à l'humanité.

Non est Religionis cogere Religionem, quæ sponte suscipi debet, non vi. (Tertul. ad Scapulam.)

Nihil est tam voluntarium quàm Religio, in quâ si animus sacrificantis adversus est, jam sublata, jam nulla est. (Lactant. L. 5. cap. 20.)

Defendenda Religio est, non occidendo, sed moriendo ; non sævitiâ, sed patientiâ.... Si sanguine, si tormentis, si malo Religionem defendere velis, jam non defendetur, sed polluetur atque violabitur. (Ibid.)

In carne ambulamus ; non secundùm carnem militamus : nam arma militiæ nostræ non carnalia sunt. (Paul. 2. Corinth.)

Quæ desursùm est sapientia, pacifica est, modesta, suadibilis, seu facilè aliis obsequens, plena misericordiâ & fructibus bonis. (Idem. ad Rom.)

LETTRE

De M. DE VOLTAIRE *à* M. *le Prince* DE GALLITZIN.

A Ferney, ce 14 Augufte 1767.

MONSIEUR LE PRINCE,

Je vois par les Lettres dont S. M. I. & Votre Excellence m'honorent, combien votre Nation s'éleve, & je crains que la nôtre ne commence à dégénérer à quelques égards. L'Impératrice daigne traduire Elle-même le Chapitre de Bélifaire, que quelques hommes de College calomnient à Paris. Nous ferions couverts d'opprobres, fi tous les honnêtes gens, dont le nombre eft très-grand en France, ne s'élevoient pas hautement contre ces turpitudes pédantefques : il y aura de l'ignorance, de la fottife & de l'envie dans ma Patrie, mais il y aura toujours auffi de la fcience & du bon goût. J'ofe vous dire même qu'en général, nos principaux Militaires, & ce qui compofe le Confeil, les Confeillers d'Etat, & les Maîtres des Requêtes, font plus éclairés qu'ils ne l'étoient dans le beau fie-

F ij

cle de Louis XIV. Les grands talents font rares, mais la fcience & la raifon font communes.

Je vois avec plaifir, qu'il fe forme dans l'Europe une République immenfe d'Efprits cultivés. La lumiere fe communique de tous côtés. Il me vient fouvent du Nord des chofes qui m'étonnent : il s'eft fait, depuis environ quinze ans, une révolution dans les efprits, qui fera une époque ; les cris des Pédants annoncent ce grand changement comme les croaffements des corbeaux annoncent le beau temps.

Je ne connois point le Livre dont vous me faites l'honneur de me parler ; j'ai bien de la peine à croire que l'Auteur, en évitant les fautes où peut être tombé Mr. de Montefquieu, foit au-deffus de lui dans les endroits où ce brillant génie a raifon. Je ferai venir fon Livre ; &, en attendant, je félicite l'Auteur d'être auprès d'une Souveraine qui favorife tous les talents étrangers, & qui en fait naître dans fes Etats ; mais c'eft vous fur-tout, Monfieur, que je félicite de la repréfenter fi bien à Paris.

J'ai l'honneur d'être, &c.

VOLTAIRE.

www.ingramcontent.com/pod-product-compliance
Lightning Source LLC
LaVergne TN
LVHW021855170726
843503LV00003B/1240